LA MALÉDICTION DU CECIL HOTEL

Meurtres en série, suicides et morts violentes à Los Angeles

Sonya Lwu

LA MALÉDICTION DU CECIL HOTEL

Meurtres en série, suicides et morts violentes à Los Angeles

Robert Laffont

ISBN : 978-2-221-25989-4
Dépôt légal : avril 2022
En couverture :
Photos : © Dan Reynolds Photography, Boston Globe,
Glenn Cobbs/EyeEm et Terraxplorer/Getty Images,
© Photo12/Alamy/Hayk Shalunts et © Shutterstock

À tous les passionnés de mystères et de crime,
sans qui ces histoires et leurs victimes
tomberaient dans l'oubli.

Introduction

Retour au Cecil Hotel

Lorsque je me suis rendue à Los Angeles en 2017, la Cité des anges n'a pas tenu ses promesses du rêve américain... J'y étais arrivée peu préparée, après une étape à La Nouvelle-Orléans, et j'ai bien cru que j'allais devoir dormir dans la rue tant il était difficile de trouver un logement à un prix abordable. Finalement, après une première nuit dans un hôtel hors de prix près des pistes de l'aéroport LAX, j'ai déniché un matelas dans un dortoir de dix personnes, à une vingtaine de minutes à pied de Venice Beach. L'endroit était sale, cher, inconfortable, et l'hôte désagréable, mais j'avais un toit sur la tête. Tout le reste du séjour n'a été, ou presque, que désillusions. On se garde bien de nous avertir dans les guides que Los Angeles est une ville immense, où l'on passe plus de temps à arpenter le bitume, rebrousser chemin lorsque l'on croise, dans des ruelles sombres, des habitants inquiétants, qu'à côtoyer des stars. Et je ne me sentais pas davantage à ma place à Santa Monica ou Muscle Beach avec leurs rues surpeuplées d'Instagrammeurs. Dès que possible, j'ai réservé un billet d'autocar pour partir à San Diego, laissant derrière moi cette ville tentaculaire, excessive, aussi solaire qu'obscure. Du fait de ce départ précipité, je suis passée à quelques rues du 640 Main Street, là où se dresse l'impressionnante façade du Cecil Hotel, sans m'y arrêter...

J'avais découvert l'existence et l'histoire de cet établissement des années auparavant, en 2013, lors de la diffusion sur YouTube de la vidéo des derniers instants de vie de la jeune étudiante Elisa Lam. Et depuis, je n'ai cessé d'être intriguée par cet endroit. Au moment de mon séjour à LA, je ne savais pas que le Cecil venait de fermer ses portes pour des rénovations qui s'étireraient sur de nombreuses années, retardées par une pandémie mondiale imprévisible.

Aujourd'hui, avec ce livre, j'ai l'occasion d'explorer avec vous ce lieu, ses 14 étages, son hall magnifique contrastant avec ses nombreux couloirs aux couleurs ternes et ses 700 chambres fatiguées ; ce théâtre d'affaires criminelles iconiques de la ville de Los Angeles où ont rôdé Richard Ramirez et Jack Unterweger, parmi tant d'autres... Poussons donc, ensemble, les portes de l'un des endroits les plus étranges et sombres du monde.

1

ELISA LAM,
la mort au bout du road trip

Je viens de réserver mon vol :
Vancouver : du 18 au 22 janvier,
San Diego : du 22 au 27 janvier,
et le reste est à écrire...

Elisa Lam, 7 janvier 2013

La scène est enregistrée par une caméra de surveillance fixée dans le coin supérieur gauche d'un ascenseur.

La porte s'ouvre. À l'image apparaît une jeune femme vêtue d'un *hoodie* rouge, d'un short noir et de sandales. Elle entre d'un pas décidé, la tête légèrement baissée, elle pivote sur elle-même et, d'un ample geste du bras, appuie sur le premier bouton de l'ascenseur, fléchissant les genoux et collant son visage près de la colonne sur le côté droit, comme pour scruter les chiffres inscrits sur l'inox usé. Sans un instant d'hésitation, elle appuie frénétiquement sur tous les boutons de la rangée du milieu. Quatorzième étage, dixième, septième, quatrième, *mezzanine*, *basement*, et enfin *door hold*[1].

Cette jeune femme, c'est Elisa Lam, une Canadienne de 21 ans. Son cadavre a été retrouvé dans un des réservoirs d'eau du Cecil Hotel à Los Angeles le 19 février 2013 et sa mort n'a cessé depuis de défrayer la chronique.

Dans la vidéo de mauvaise qualité et dont l'image tressaute, on la voit exécuter une drôle de chorégraphie... Elle recule dans le coin droit de l'ascenseur et attend, les bras ballants. Ses yeux fixent le couloir depuis la porte toujours ouverte et, après quelques secondes, elle se rapproche, la tête tournée vers la droite, intriguée comme si elle avait entendu un bruit. Soudain, elle se projette en avant, le buste hors de l'ascenseur, une jambe restant cependant prudemment en arrière. Elle tourne complètement la tête à droite, puis à gauche, comme pour tenter de surprendre quelque chose, ou quelqu'un, avant de faire un pas en arrière pour se cacher. La jeune femme se tient immobile, droite et raide dans l'ascenseur pendant un court instant avant de coller son dos à la paroi sur sa droite, le visage tendu vers le couloir. Puis, d'un pas de côté, elle glisse pour se plaquer dans l'angle de la cabine sans détourner son regard, comme pour garder ce qui l'intrigue en ligne de mire, tout en demeurant dissimulée.

---

1. La *mezzanine* est généralement le niveau au-dessus du *lobby*, qui sépare le hall et le reste des étages d'un bâtiment. Le *basement* correspond au sous-sol. *Door hold* sert à maintenir les portes de l'ascenseur ouvertes pendant un temps donné, afin de permettre, par exemple, de décharger un chariot de bagages. (*Toutes les notes sont de l'auteur.*)

Elle rentre ensuite la tête dans ses épaules et joint ses mains devant elle vers le bas, dans une posture de jeune femme timide. Mais, rapidement, la curiosité semble l'emporter. Elle s'approche à nouveau de la porte restée ouverte, et observe lentement le couloir de droite à gauche. Le regard toujours dirigé vers la gauche, elle fait glisser son pied doucement en avant, puis d'un petit bond vif sort de l'ascenseur. On pourrait croire qu'elle joue à surprendre quelqu'un. Sauf qu'à aucun moment, durant les quatre minutes que dure l'enregistrement, la caméra ne captera la présence d'une autre personne.

La suite est encore plus bizarre. Elisa se déplace à pas saccadés : un pied sur la gauche, elle ramène l'autre, joignant ses chevilles, puis un pas en arrière cette fois pour retourner à l'intérieur de l'ascenseur, et à nouveau un pied en avant, pour se décaler encore plus à gauche, dans le couloir. L'œil de la caméra la perd de vue pendant quelques instants mais on la devine sur l'angle gauche de la bande vidéo, silhouette presque adossée à l'encadrement de la porte de l'ascenseur obstinément ouverte depuis le début de la scène.

Elle laisse son bras se balancer le long de son corps, avant de le lever pour le passer dans ses cheveux comme si elle était perdue dans ses pensées, soucieuse ou perplexe. À quoi réfléchit-elle à cet instant ? Qu'a-t-elle entendu ? Est-elle perdue ? Apeurée ? Joueuse ? Quelqu'un se trouve-t-il plus loin dans le couloir ? L'angle de la caméra conserve jalousement ce secret.

Quelques instants plus tard, elle entre à nouveau dans l'ascenseur. Les mains d'abord sur la tête, elle les écarte ensuite pour les poser de chaque côté de l'ouverture, comme pour se retenir de tomber, et se replace devant la colonne de boutons. Elle réitère trois ou quatre fois avec vigueur la même manœuvre qu'au début : quatorzième, dixième, septième, quatrième, *M*, *B*, *door hold*. Est-elle inquiète que l'ascenseur ne se referme pas ? Elle n'a probablement pas conscience que le dernier bouton qu'elle a pressé, *door hold*, a justement pour effet de maintenir la porte ouverte pendant deux minutes consécutives.

La jeune femme n'attend pas. Elle ressort encore une fois dans le couloir, tout en replaçant ses cheveux derrière les oreilles. Puis elle entame une étrange danse avec ses mains, elle les agite devant elle, les doigts écartés, comme si elle cherchait à palper quelque chose d'invisible ou à caresser une présence fantomatique.

À moins qu'elle ne tente ainsi de déclencher le mécanisme ? Foutu ascenseur !

Elisa joint les mains et les tortille dans tous les sens, à hauteur de son visage. Elle gesticule, fléchit les jambes, semble compter sur ses doigts ou raconter une histoire à une présence toujours imperceptible. Puis, soudain, elle s'immobilise avant de pivoter à nouveau sur elle-même et de disparaître du champ en s'éloignant par le couloir de gauche.

Le film continue pendant encore une minute trente. La caméra enregistre cet ascenseur vide, ce morceau de couloir. La porte se referme enfin.

Elle se rouvre quelques secondes plus tard, à un autre étage, sur un couloir tout aussi vide. Puis l'ascenseur continue sa descente. Il s'arrête sur un autre palier, dont les murs ne sont plus marron mais orange, cette fois.

La porte se ferme après quelques secondes, pour de bon. C'est la fin de la bande et la dernière trace d'Elisa Lam en vie.

Lorsque cette vidéo a été publiée sur Internet par la police de Los Angeles, en février 2013, dans l'espoir de retrouver la jeune femme saine et sauve, elle est immédiatement devenue virale, et fait le tour du monde. La version la plus regardée comptabilise aujourd'hui 31 millions de vues. C'est ainsi que la plupart des internautes ont découvert l'affaire Elisa Lam, avant même son dénouement dramatique. J'ai moi aussi fait partie de ceux à qui cet enregistrement a donné de véritables frissons.

Mais la porte de cet ascenseur ne s'est pas seulement ouverte sur l'affaire Elisa Lam, elle a aussi été pour moi un premier accès à ce lieu sombre, mystérieux et hypnotisant qu'est le Cecil Hotel de Los Angeles.

Née le 30 avril 1991, Elisa Lam, une jeune Canadienne d'origine hongkongaise, vit avec sa famille qui a émigré au Canada et ouvert un restaurant à Burnaby, une petite ville dans la banlieue de Vancouver. C'est une jeune femme discrète. En dehors de ses cours de psychologie à l'université de la Colombie-Britannique, elle passe beaucoup de temps sur Internet. Durant l'année 2010, elle crée un blog, *Ether Fields*, où elle publie plusieurs textes dans lesquels elle évoque son quotidien, avant d'ouvrir *Nouveau-Nouvelle* en 2012 sur Tumblr, son réseau préféré, où elle publie quotidiennement des images et des citations d'œuvres littéraires en plus de quelques petits textes où elle se livre comme dans un journal intime. Elle aime y partager sa passion pour *Harry Potter* et *Gatsby le Magnifique*, pour la mode, l'architecture, l'art, ou encore l'amour et l'amitié. Mais au travers de ses récits, elle se confie aussi parfois sur des thématiques plus sombres : la mort de son chien, la rupture avec son petit ami, sa tristesse et sa solitude, ses désordres alimentaires et ses troubles du sommeil, sans pour autant se départir de petites touches d'humour incisif.

La jeune femme de 21 ans rêvait d'aventures et de découvertes. C'est avec cet objectif qu'elle a quitté Burnaby au début de l'année 2013, après avoir convaincu ses parents, pourtant craintifs, de la laisser voyager seule en leur promettant de leur donner des nouvelles quotidiennement. Elle est partie sans s'être réinscrite à l'université pour le semestre à venir. Le début de son voyage a été chaotique, comme en témoigne ce message qu'elle a publié sur son Tumblr le 23 janvier 2013 :

> *Je me suis perdue dans l'aéroport et j'ai raté ma correspondance. UGHH. Encore une soirée pyjama à l'aéroport. Bon, ça pourrait être pire. United Airlines fournit des couvertures, j'ai du wifi et je peux faire semblant d'être Tom Hanks dans* Le Terminal *(ça*

n'a rien à voir avec ma situation mais ASSURÉMENT, si un personnage de fiction dans un film peut vivre dans un aéroport, moi aussi je peux le faire !).

Après ce départ difficile, tout a l'air de rentrer dans l'ordre pour Elisa. Rien dans ses publications ne laisse présager la suite des événements. Elle se rend à San Diego pour commencer son road trip californien, exactement comme elle l'avait prévu. Elle y séjourne quelques jours. Sur son blog, on apprend qu'elle a du mal à sortir de sa zone de confort dans cette nouvelle ville, même si l'envie ne manque pas. Elle commente elle-même ses actions impulsives : elle a ainsi abordé un inconnu pour lui dire qu'il lui plaisait. Ce sentiment de liberté paraît la perturber autant qu'il la grise. Elle visite le zoo de San Diego et poste des photos sur ses réseaux sociaux privés.

Le 26 janvier, Elisa Lam arrive à Los Angeles via le réseau ferroviaire Amtrack. Elle séjourne dans un lieu inconnu pendant les deux premières nuits. Le lendemain, elle perd son téléphone portable à une soirée dans un *speakeasy*. Elle précise, par des hashtags, qu'il lui avait été prêté par un ami, c'est un vieux Blackberry dont il ne voulait plus. On ne sait pas si Elisa avait emporté ce seul téléphone ou si elle en avait un second. Elle semble tout de même avoir passé une bonne soirée, même si juste avant de sortir elle publie un message dans lequel elle s'inquiète à l'idée de se faire accoster par des hommes, précisant que cela est déjà arrivé depuis le début de son séjour.

Tout porte à croire qu'Elisa est, malgré tout, très excitée d'être à Los Angeles. C'est un rêve qui se concrétise, après de nombreuses années passées à fantasmer l'univers du cinéma, des stars et des paillettes. Pour une jeune femme qui s'émancipe, Los Angeles représente la possibilité enthousiasmante de faire des rencontres avec des gens branchés, de découvrir les plateaux de tournage, de sortir faire la fête dans les lieux les plus glamour de la planète. Fan inconditionnelle de *Gatsby le Magnifique*, l'incontournable roman de Francis Scott Fitzgerald, elle se sent probablement comme le personnage de Nick Carraway, débarquant de sa cambrousse pour découvrir la vie mondaine et trépidante de la grande ville.

Deux jours plus tard, le 29 janvier, Elisa donne de ses nouvelles et décrit les environs du Cecil Hotel où elle loge dans ce qui sera son dernier post sur Tumblr :

Je viens d'arriver à LaLand[1] *et il y a un bâtiment monstrueux à côté de l'endroit où je séjourne.*

Attention, quand je dis « monstrueux », je veux dire style Gaudi. D'un côté, il a été construit en 1928 – d'où le thème Art déco – donc oui, il est chic... mais comme ça reste Los Angeles, le crack

1. Los Angeles est communément surnommé LaLaLand, la faute est présente dans le texte original.

s'est emparé des lieux. C'est là que Baz Lurhman devrait filmer Gatsby le Magnifique, *tiens.*

En fait, la jeune femme est arrivée la veille dans l'établissement, elle a fait une réservation pour quatre nuits dans un dortoir partagé avec d'autres filles au cinquième étage. Sans le savoir, Elisa choisit pour son séjour à Los Angeles l'un des hôtels les plus funestes du territoire américain.

L'erreur est compréhensible : cela fait quelques années que la direction du Cecil Hotel a divisé l'établissement en deux et a renommé Stay On Main la partie destinée aux voyageurs afin d'éviter les avis négatifs sur le Net.

Un second hall a même été créé spécifiquement pour faire croire que le Stay On Main et le Cecil sont deux bâtiments distincts. Dans la réalité, c'est bien le même immeuble qui a été artificiellement séparé : les premiers étages sont dédiés aux touristes et voyageurs de passage, tandis qu'au-dessus vivent les résidents de moyen et long termes, dont une bonne partie est peu fréquentable. Malgré ce tour de passe-passe, un élément central empêche une séparation totale de ces publics : les deux ascenseurs qui desservent tous les étages.

Étonnamment, ce ne sont pourtant pas les résidents des étages supérieurs qui vont poser problème dans les jours suivants mais bien Elisa elle-même.

Le matin du 31 janvier 2013, les jeunes filles avec qui Elisa partageait un dortoir se plaignent à la réception de son comportement. Elisa aurait tendance selon elles à s'enfermer dans la chambre et verrouiller la porte de l'intérieur, leur demandant un mystérieux mot de passe pour les laisser entrer. Elle a même déposé sur chacun des lits un petit bout de papier sur lequel elle a écrit : *Rentre chez toi.*

La direction de l'hôtel décide alors de déplacer Elisa Lam dans une chambre individuelle au même étage pour sa dernière nuit.

2

ELISA LAM, disparue dans la nuit

C'est dans la soirée du 31 janvier qu'Elisa se volatilise mystérieusement.

Le lendemain matin, elle ne se présente pas pour le check-out comme convenu, alors qu'elle devait continuer son road trip vers Santa Cruz. Immédiatement, le staff du Cecil Hotel prévient la police. Les parents d'Elisa font de même.

David et Yinna Lam se sont inquiétés très rapidement : ils ont normalement des échanges quotidiens avec leur fille, comme cela avait été convenu. Mais le premier jour du mois de février, leur téléphone ne sonne pas. Le lendemain non plus. Convaincus que quelque chose d'anormal est arrivé, ils contactent début février la police de Los Angeles.

Bien que plus de cent personnes soient portées disparues chaque jour dans l'État de Californie[1] à cette période, les autorités prennent instantanément l'affaire très au sérieux dans la mesure où il s'agit d'une touriste de nationalité étrangère voyageant seule et que

1. Moyenne effectuée selon les chiffres du département de la Justice californien rapportant 38 854 cas de disparition en 2013.

la rupture de toute communication avec sa famille est complètement inhabituelle. Contrairement à d'autres cas de disparition de personnes majeures, la police fait très vite du dossier Elisa Lam une priorité.

Le 6 février, une conférence de presse est donnée par le lieutenant Walter Teague, porte-parole de la section des homicides du LAPD. Dans son dos se tiennent les parents et la sœur d'Elisa, silencieux, la mine grave. Devant lui, les journalistes ne se bousculent pas. Il faut dire qu'au même moment, la ville de Los Angeles est tenue en haleine par une affaire de grande ampleur : un ancien officier du LAPD, Christopher Dorner, a décidé de se venger après son licenciement en tuant des policiers et leurs familles, et une impressionnante chasse à l'homme mobilise la plupart des forces de l'ordre ainsi que l'attention médiatique.

La disparition d'une jeune touriste canadienne dans un quartier malfamé n'est donc pas le sujet le plus brûlant de l'actualité en ce début du mois de février.

Le lieutenant Walter Teague, dont la voix tremble durant toute la déclaration, explique :

« *Hier, notre équipe spécialisée en vols et homicides a pris connaissance d'un cas de personne disparue, Elisa Lam. Elle a été vue pour la dernière fois le 31, au Cecil Hotel. C'est une citoyenne canadienne, ce qui explique pourquoi c'est la division dédiée aux vols et homicides qui se chargera du dossier en collaboration avec Interpol, comme le veut la procédure.*

Nous vous demandons votre aide. Les parents sont ici, ils sont venus de Vancouver et nous espérons que cette photo circulera pour que nous retrouvions Elisa. »

Un journaliste l'interroge :

« *Selon nos sources, elle aurait disparu dans d'étranges circonstances, que pouvez-vous nous dire là-dessus ?* »

Walter Teague répond :

« *Elle était en contact quotidien avec ses parents, jusqu'au 31, donc cela fait cinq... six jours maintenant. Concernant les circonstances étranges, pour le moment il n'y a rien à part le fait qu'elle n'a plus donné de nouvelles. C'est ce qui nous inquiète et inquiète la famille.* »

Un autre journaliste lui demande si le téléphone d'Elisa Lam a été examiné, ce à quoi le lieutenant conclut :

« *Je ne veux pas trop parler de son portable pour le moment... Nous avons certaines de ses affaires.* »

En effet, depuis que le LAPD s'est saisi de l'enquête la veille, la chambre d'Elisa au cinquième étage a été fouillée dans les règles. À l'intérieur, les affaires de l'étudiante étaient légèrement en désordre mais sans traces de lutte, et plusieurs objets ont été saisis, comme son portefeuille, sa carte d'identité ou encore son ordinateur.

Les parties communes de l'hôtel, du toit jusqu'aux fondations, ont aussi été passées au peigne fin par la police dans l'espoir de retrouver Elisa ou un quelconque indice permettant de faire avancer l'enquête, en vain.

Des chiens spécialement dressés ont flairé la piste de la jeune femme dans le couloir du cinquième étage, mais l'ont perdue à proximité d'une fenêtre donnant sur l'escalier de secours.

C'est le 13 février que les policiers publient sur Internet l'enregistrement de la vidéosurveillance de l'ascenseur, dans l'espoir de recueillir des témoignages. Et à partir de ce moment-là, le monde d'Internet s'est emballé là où la presse classique n'avait montré que peu d'intérêt pour l'affaire. Cette vidéo ayant rapidement fait le tour du monde, les internautes ont été fascinés par cette disparition et certains ont même souhaité prendre part aux investigations.

À la mi-février 2013, l'équipe du Cecil Hotel commence à recevoir des plaintes de clients concernant l'eau dans les chambres. Lorsqu'ils prennent leur douche, la pression est de plus en plus basse et l'eau qui s'écoule est d'une teinte sombre, accompagnée d'odeurs désagréables.

Le 19 février dans la matinée, Santiago Lopez, un agent d'entretien, est envoyé sur le toit du bâtiment pour inspecter les quatre énormes réservoirs d'eau et trouver l'origine du problème. En arrivant, Lopez constate que la trappe d'ouverture d'un des réservoirs est ouverte. Il monte alors sur un petit promontoire pour jeter un coup d'œil dedans et fait une horrible découverte : le corps d'Elisa Lam flotte à l'intérieur, nu, le visage tourné vers le ciel.

La direction de l'hôtel ainsi que la police sont immédiatement prévenues et ce sont les pompiers de la ville qui interviennent les premiers.

L'ouverture de la trappe étant exiguë, ces derniers décident de découper un morceau de tôle du bas de la cuve pour laisser l'eau s'écouler et pouvoir récupérer le corps de la jeune femme de façon à le préserver le plus possible pour l'autopsie. Au fond du réservoir, on retrouve les vêtements et les effets personnels qu'Elisa portait lors de la scène filmée dans l'ascenseur : un short noir d'homme, un T-shirt, son *hoodie* rouge, ses sandales ainsi que la clé de sa chambre et sa montre. Dans de telles circonstances, le LAPD décide immédiatement de traiter l'affaire comme une mort suspecte.

Pourtant, quelques jours plus tard, le 21 février, le rapport des enquêteurs conclut à la thèse d'une mort accidentelle. Selon cette version, Elisa serait d'elle-même montée sur le toit, puis aurait escaladé le réservoir, soit par une petite échelle sur le côté, soit en sautant depuis le promontoire voisin, aurait soulevé la trappe puis serait entrée dans la cuve – sans que l'on sache pourquoi – avant d'y trouver la mort, incapable de remonter alors que le niveau de l'eau descendait au fur et à mesure que les clients de l'hôtel en faisaient usage. C'est peut-être à cause d'un effet de l'hypothermie[1], ou

1. Bien que cela semble surprenant, certaines personnes victimes d'hypothermie ont des comportements dits de « déshabillage paradoxal », c'est-

parce que ses vêtements l'empêchaient de nager, qu'elle se serait déshabillée dans le réservoir.

Cette conclusion de la police s'appuie notamment sur le rapport toxicologique d'Elisa Lam qui prouve qu'elle n'était ni alcoolisée ni droguée lors de sa mort ; ainsi que sur l'autopsie préliminaire qui n'a mis aucun signe de traumatisme physique en évidence.

Le rapport d'autopsie complet n'a été divulgué au public que quatre mois après la découverte du corps, ce qui provoqua beaucoup de questionnements car aux États-Unis, à la différence de nombreux autres pays, la population est habituée à être tenue informée et à avoir accès rapidement aux moindres détails des affaires criminelles et/ou judiciaires en cours. Aussi, ce délai a involontairement permis à de nombreuses rumeurs et théories de se répandre sur Internet, où d'importantes communautés de détectives amateurs se sont formées pour débattre et enquêter sur le sort d'Elisa Lam. La cause de la mort étant qualifiée d'accidentelle, cela a soulevé beaucoup de questions, puisque personne ne savait exactement dans quelles circonstances le drame s'était réellement produit. L'accès au toit de l'hôtel était en effet interdit au public et uniquement réservé aux employés du Cecil ; ainsi, certains ont évoqué une potentielle implication d'un membre du personnel dans la mort de la jeune femme.

à-dire qu'elles sont dans un tel état de confusion que, au lieu d'avoir des frissons, elles ont des sensations de brûlure et ont tendance à enlever leurs vêtements.

ELISA LAM

En septembre 2013, les parents d'Elisa Lam portent plainte contre le Cecil Hotel concernant des négligences de sécurité ayant pu conduire à la mort de leur fille. Selon eux, Elisa n'aurait pas dû se trouver sur le toit de l'immeuble la nuit de son décès. Il était de la responsabilité de la direction de s'assurer qu'aucun client ne puisse accéder aux parties restreintes comportant des risques majeurs. Cette plainte a été rejetée le 14 décembre 2015 par le juge Howard Halm, qui a estimé que l'hôtel n'était pas responsable dans la mesure où l'accident d'Elisa n'était pas prévisible, puisqu'il avait eu lieu dans une zone clairement interdite d'accès et désignée comme telle par un panneau.

3

ELISA LAM,
« Et si la vérité était ailleurs ? »

Partout dans le monde, des enquêteurs amateurs se sont pris de passion pour l'affaire, et de nombreux faits troublants ont été mis au jour. D'abord au sujet du Cecil Hotel lui-même : l'établissement, en plus d'avoir été le théâtre de nombreux faits divers, a depuis longtemps la réputation d'être hanté. Beaucoup d'anciens clients ont ainsi déclaré avoir été témoins de situations dérangeantes : activités paranormales, apparition de fantômes, cris dans les chambres voisines, sang sur le sol ou le rideau de douche, agression par des clients n'ayant pas toute leur tête... Sur les forums, certains avancent qu'Elisa a pu y faire une mauvaise rencontre. Une personne malveillante la poursuivait peut-être dans les couloirs, une personne qui savait qu'une caméra filmait l'ascenseur et qui a pris soin de se tenir hors champ. Un membre du personnel ? Un habitué des lieux ? Cela expliquerait le comportement anormal de la jeune femme, qui semblait observer le couloir et se cacher.

A-t-elle été victime d'un fantôme ? D'autres penchent pour la théorie de la possession : une des nombreuses entités maléfiques qui hantent l'hôtel a pu trouver le moyen de prendre le contrôle d'Elisa, après qu'elle a tenté de lui échapper dans l'ascenseur. L'affaire est une véritable aubaine pour tous les aficionados de paranormal.

Il faut reconnaître que ce cas présente d'étranges coïncidences... Des coïncidences si nombreuses et si troublantes qu'on en vient à se demander s'il ne s'agit pas de sérieuses pistes à suivre pour comprendre l'inexplicable. C'est, en réalité, un phénomène qu'on appelle la synchronicité : lorsque deux événements, sans lien de causalité physique, arrivent en même temps ou ont un point commun, l'esprit humain tend à vouloir les associer et à les faire correspondre, dans un besoin de rationalité réconfortante. Il est plus aisé de croire que derrière des événements isolés se cache un grand plan où chaque fait peut être relié à un autre, plutôt que d'affronter le vide angoissant de l'absurdité des choses.

Un nombre présage de mort

Les chiffres auraient-ils tué Elisa Lam ? Les superstitions font partie de notre quotidien, et la plupart d'entre nous avons un chiffre, un nombre ou un petit objet fétiche auquel se raccrocher en cas d'incertitude ou pour contrer le mauvais sort.

Aux États-Unis, une superstition répandue veut qu'une partie des établissements collectifs, comme les hôtels, ne possèdent pas de treizième étage.

Lorsque l'on emprunte des escaliers ou un ascenseur, on passe généralement directement du 12e au 14e, de sorte qu'aucun couloir ou chambre ne porte ce numéro de malheur. Certaines compagnies aériennes ont aussi fait le choix de ne pas avoir de rangée numéro 13 dans leurs avions. Le Cecil Hotel ne déroge évidemment pas à cette règle ; aussi, de nombreuses personnes ont rapidement remarqué, grâce à la caméra de surveillance, qu'Elisa Lam se trouvait au 14e étage lorsqu'elle a été aperçue pour la dernière fois. C'est-à-dire qu'en réalité, elle se trouvait au 13e étage physique du bâtiment.

Si la numérotation d'un étage d'hôtel peut sembler être une explication fantaisiste au destin tragique d'une jeune femme, il est intéressant de noter qu'aux États-Unis, la crainte du nombre 13 est extrêmement répandue, au point qu'elle a un réel impact économique sur la société. Cette phobie porte un nom : la triskaïdékaphobie.

En Chine, plusieurs superstitions sont également en lien avec la numérologie. C'est le cas du nombre 514 qui, en mandarin, se prononce avec des phonèmes similaires à la phrase « Je veux mourir ». Et 514 était aussi le numéro de la première chambre dans laquelle Elisa Lam, d'origine chinoise, avait initialement été placée en dortoir. Ainsi, beaucoup d'internautes ont avancé l'hypothèse qu'Elisa souhaitait peut-être se donner la mort, ou encore que l'aura lugubre de ce nombre aurait pu la pousser au suicide.

Mais Elisa ne logeait plus dans la chambre 514 le jour de sa mort. Elle avait été transférée dans une autre chambre parce que ses voisines de dortoir s'étaient plaintes. De plus, elle parlait le cantonais, et non pas le mandarin. Il semble alors peu probable que ce nombre à lui seul ait pu peser sur l'état d'esprit de la jeune femme, encore moins être le présage annonciateur de sa mort...

L'hypothèse Dark Water *: quand la réalité rejoint la fiction*

L'histoire d'Elisa Lam a-t-elle pu être racontée dans un film sorti plus de dix ans avant les faits ? Certains extraits du film *Dark Water* présentent des similarités troublantes avec ce drame.

Ce long-métrage japonais de 2002 met en scène l'histoire d'une jeune mère et de sa fille qui s'installent dans un nouvel appartement. Bien vite, elles sont dérangées par d'inquiétants bruits au-dessus de leurs têtes ainsi par que des infiltrations d'eau noire au plafond, dans leurs robinets, sur le sol. Plusieurs scènes du film montrent la jeune femme asiatique comme si elle était filmée par une caméra de surveillance dans l'ascenseur, où des phénomènes paranormaux se déroulent et, élément le plus perturbant, la petite fille de l'héroïne finit par se noyer dans le réservoir d'eau sur le toit de l'immeuble.

Dans le remake américain, sorti en 2005, cette petite fille, nommée Cecilia, porte même un *hoodie* rouge... Il n'en fallait pas plus pour qu'Internet s'affole en découvrant toutes ces similitudes.

Il est vrai que l'accumulation de coïncidences est déstabilisante. La clé du mystère ? Elle se trouve probablement dans nos biais cognitifs. L'histoire de *Dark Water* n'a presque aucun point commun avec celle d'Elisa Lam. Elle raconte les difficultés d'une mère à faire son deuil. Pourtant, comme quelques minutes du film évoquent des éléments semblables à ceux de l'affaire Lam, nous avons tendance à oublier tout le reste pour ne garder que ce qui colle. C'est ce qu'on appelle le biais de confirmation : nous sélectionnons inconsciemment les informations qui vont dans le sens de ce que nous croyons, ou voulons croire, quitte à écarter celles qui entreraient en contradiction avec ces croyances.

Le jeu de l'ascenseur : un monde parallèle ?

Une autre explication avancée par les fans de paranormal et de faits inexpliqués mentionne le fameux jeu de l'ascenseur grâce auquel on pourrait, dans les hauts bâtiments, accéder à un monde parallèle en effectuant une manipulation spécifique avec les boutons.

Il s'agit d'une de ces légendes urbaines bien particulières, qui revêtent la forme d'un rituel. À l'instar de la légende de Bloody Mary, selon laquelle un fantôme apparaît lorsque l'on répète trois fois son nom devant un miroir, le jeu de l'ascenseur consiste à appuyer sur les boutons dans un ordre précis pour se retrouver dans une autre dimension.

Originaire d'Asie de l'Est, probablement du Japon, repris et modifié en Corée du Sud par la suite, ce jeu s'est répandu dans le monde entier par le biais d'Internet, où pullulent les *creepy pasta*, ces histoires fictives mais présentées comme réelles, écrites pour faire frissonner.

Alliant le paranormal à une phobie commune, celle des ascenseurs, cette légende joue sur l'angoisse et la curiosité de « passer dans l'autre monde », une formulation énigmatique que l'on peut interpréter à plusieurs niveaux.

Elisa Lam jouait-elle à ce jeu lorsqu'elle a été filmée dans l'ascenseur du Cecil Hotel ?

S'il n'est pas impossible qu'elle connaissait, comme beaucoup de jeunes, cette *creepy pasta*, qui commençait à circuler sur les blogs anglophones, il semble cependant peu probable qu'elle ait réellement tenté de passer dans un univers parallèle lors de sa disparition : elle appuyait frénétiquement sur tous les boutons de l'ascenseur sans suivre aucune des règles édictées par le jeu.

Le test LAM-ELISA : la théorie du complot national

Autre théorie fondée sur une curieuse coïncidence : au moment de l'affaire, une épidémie de tuberculose a frappé les sans-abri du quartier pauvre et malfamé de Skid Row, où se situe le Cecil Hotel ;

pour endiguer ce problème, des équipes ont été envoyées dans la zone afin de faire passer à la population un test de dépistage qui portait le nom de LAM-ELISA.

La jeune étudiante canadienne avait-elle un lien avec cette épidémie ? Aurait-elle été envoyée sur place comme agent (ou même comme cobaye) par le gouvernement ?

Plus troublant encore, l'université de la Colombie-Britannique, où Elisa effectuait ses études avant de partir en road trip, travaillait justement sur les épidémies de tuberculose. Il n'a pas fallu longtemps aux spéculateurs pour qu'un lien soit établi entre la victime et ce fameux test sanitaire. Elisa Lam était-elle une expérience gouvernementale ? A-t-elle été éliminée parce qu'elle en savait trop ?

Bien entendu, le propre d'un complot gouvernemental est qu'il est impossible (ou presque) de démontrer qu'il est véridique. Toutefois, le nom de ce test s'explique lorsque l'on se penche plus en détail sur l'acronyme. ELISA est le terme générique pour désigner un test à visée diagnostique de la tuberculose, en anglais Enzyme-Linked Immuno-Sorbent Assay, tandis que LAM est l'abréviation du Lipoarabinomannane mycobactérien.

Comme souvent, ceux qui croient dur comme fer à cette théorie ignorent d'évidentes contradictions : si Elisa avait été victime du gouvernement, pourquoi la police aurait-elle diffusé sur Internet une vidéo contribuant à faire de ce fait divers l'une des affaires les plus médiatisées de l'année 2013 ?

The Last Bookstore et le cimetière

Pour essayer de comprendre ce qui a pu arriver à Elisa Lam, il est important de retracer ses derniers jours à Los Angeles.

Le 31 janvier 2013, jour de sa disparition, Elisa s'est rendue dans une librairie au nom étrangement prémonitoire : The Last Bookstore, soit « La Dernière Librairie ». C'est un lieu impressionnant et vaste qui s'étend sur deux niveaux où les étagères aux courbes peu conventionnelles débordent de livres, tantôt rangés par couleurs, tantôt disposés en arches ou suspendus en l'air comme des papillons prêts à s'envoler. L'endroit dégage une aura magique et il n'est pas étonnant qu'Elisa, grande fan de littérature fantastique et jeunesse, ait souhaité s'y rendre.

Plusieurs témoins se souviennent de son passage : Elisa s'était alors montrée très extravertie. Volubile et exaltée, elle parlait à tout le monde, ce qui avait mis ses interlocuteurs mal à l'aise. Elle a acheté deux livres lors de cette visite, mais s'est inquiétée de leur poids ; aussi, un employé s'est-il proposé de les lui livrer plus tard dans la journée directement à son hôtel, afin de lui éviter d'en être encombrée pour le reste de sa journée de tourisme à LA.

La police a confirmé avoir bel et bien vu, sur un enregistrement de surveillance du Cecil Hotel, Elisa discuter avec deux hommes devant l'entrée de l'établissement : l'employé de la librairie et un ami de celui-ci, qui lui ont remis une boîte. Cet enregistrement n'a pas été rendu public, pas plus que le contenu de la boîte. Mais les enquêteurs ont confirmé que cet événement n'avait pas de lien avec la mort d'Elisa.

Les détectives amateurs d'Internet, eux, ne lâchent pas la piste si facilement. Ils découvrent un détail étrange qui remet le feu aux poudres des théories du complot : selon certains, le code postal de la librairie, une fois entré dans Google Maps, redirigerait directement... dans le cimetière où Elisa Lam est enterrée, à Burnaby, au Canada.

Pour comprendre cette bizarrerie, il faut se référer au site internet de The Last Bookstore qui mentionnait autrefois, dans ses informations de contact, une adresse à Burnaby, au Canada, qui n'était autre que celle de la société qui hébergeait le site web de la librairie ; par ailleurs, le code BC (Colombie-Britannique) de cette entreprise (qui héberge une multitude d'autres sites internet) conduit à un parc près du cimetière de Burnaby, mais les coïncidences s'arrêtent là.

Parmi toutes les villes du monde, il fallait que cet hébergeur se trouve dans celle d'où Elisa Lam était originaire et où elle se trouve désormais enterrée. Troublant. Mais encore une fois, il s'agit d'un effet du biais d'observation qui conduit à ne sélectionner que les informations qui semblent aller dans le sens que l'on souhaite, soit, dans le cas présent, celui d'une explication extraordinaire aux circonstances de la mort d'une jeune femme de 21 ans.

L'accès au toit

Comment Elisa a-t-elle pu monter sur le toit de l'hôtel sans que personne ne l'aperçoive ? En étudiant les plans du Cecil, on apprend qu'il existe quatre accès différents : le premier est un escalier intérieur, partant du quinzième et dernier étage, et donnant sur une porte. Celle-ci était-elle verrouillée ? Il semblerait que non. Cependant, comme l'indiquait très clairement un écriteau placardé à hauteur du regard, la porte était munie d'une alarme destinée à prévenir systématiquement le personnel de l'hôtel dans le cas où elle serait poussée. Cette alarme était programmée pour être audible à la fois dans les deux derniers étages de l'établissement et à l'accueil. Tout membre du personnel qui aurait entendu cette sonnerie était dans l'obligation de se rendre sur le toit pour surprendre une éventuelle intrusion, les clients n'étant pas autorisés à s'y trouver, et d'éteindre l'alarme à l'aide d'une clé.

Dans les faits, aucune panne de ce système d'alarme n'a été rapportée, ni par le personnel ni par la direction de l'hôtel. Pourtant, on ne peut pas complètement écarter la possibilité d'un dysfonctionnement que les gérants du Cecil auraient tenu secret.

Trois autres accès au toit étaient, eux, sans surveillance : les escaliers de secours prévus en cas d'incendie, qui courent le long de la façade du Cecil en divers endroits.

Pour des raisons évidentes, l'accès à ces escaliers n'était pas verrouillé. Il suffisait d'enjamber la bordure d'une fenêtre en bout de couloir pour les emprunter, et si, au lieu de descendre, on grimpait au-delà du 15e étage, il était relativement aisé de se retrouver sur le toit sans alerter aucun membre du personnel. C'était, de toute évidence, une pratique courante au Cecil Hotel, comme en témoignent les nombreuses bouteilles de bière et les mégots de cigarettes qui traînaient un peu partout là-haut lors des perquisitions des policiers.

Elisa a donc pu facilement monter jusqu'au toit. Reste encore à expliquer pourquoi... Lui avait-on donné rendez-vous ? Cherchait-elle à fuir quelqu'un de dangereux ?

La vidéo de surveillance :
l'hypothèse du cover up

Après la séquence de la livraison des achats en librairie, on retrouve Elisa au 14e étage sans savoir comment ni pourquoi elle est arrivée là, alors qu'elle séjournait dans une chambre située bien plus bas, au 5e étage. A-t-elle pris l'ascenseur pour y monter ? Dans ce cas, existe-t-il une vidéo des caméras de surveillance qui n'aurait pas été divulguée ? Ou Elisa a-t-elle emprunté les escaliers dans le but d'explorer l'hôtel ?

Il est impossible de répondre à ces questions avec les seules informations rendues publiques par la police de Los Angeles. Ne reste que cet ultime enregistrement de l'ascenseur, qui doit être décrypté seconde par seconde pour y chercher des indices...

Si la question de la porte qui ne se referme pas a été élucidée, beaucoup d'autres ne l'ont pas été. De plus, la vidéo diffusée sur Internet pourrait avoir été altérée. Le *timecode* en bas, indiquant l'heure à laquelle la scène s'est déroulée, a volontairement été masqué. Ce point, à lui seul, n'a rien de véritablement étonnant : cette décision a probablement été prise par la police qui, comme très souvent lors d'une enquête en cours, ne dévoile pas tous les éléments de l'affaire afin de voir si les témoignages recueillis correspondent aux faits. Mais cette censure laisse la place à d'autres préoccupations.

En effet, il semblerait que la vidéo de surveillance ait été modifiée : la vitesse aurait été ralentie et un passage, estimé selon plusieurs internautes à près de une minute, a été effacé. S'agit-il des simples conséquences d'un bug de la caméra de mauvaise qualité ou d'un escamotage volontaire de la part des autorités ou du personnel de l'hôtel ? En fait, la vidéo a pu être « éditée », c'est-à-dire coupée et remontée avant sa diffusion. J'en ai moi-même la certitude car j'ai constaté des incohérences dans le déroulement du *timecode* et des passages manquants ou tronqués. S'agissait-il de protéger un client de l'hôtel qui, passant dans le couloir à ce moment-là et n'ayant aucun rapport avec le décès d'Elisa, aurait pu être victime de harcèlement ? La direction a-t-elle voulu protéger un employé impliqué de près ou de loin dans le sort de la jeune femme ? Ou bien la police de Los Angeles, dont la réputation de corruption n'est plus à faire – cela a fait scandale à plusieurs reprises –, a-t-elle manipulé les images ?

À moins qu'elle n'ait voulu protéger l'image d'Elisa Lam elle-même ? Lors des secondes qui ont été coupées, revient-elle dans l'ascenseur et fait-elle quelque chose d'encore plus étrange, de plus choquant ? Il n'est pas rare que les enquêteurs soient amenés à préserver la dignité d'une personne décédée ou portée disparue afin d'éviter de heurter ses proches ou encore d'empêcher que l'opinion publique ne devienne agressive...

4

ELISA LAM,
une jeune fille et ses démons

Quelques années avant sa mort, on avait diagnostiqué à Elisa un trouble bipolaire.

Il s'agit d'un trouble psychiatrique de l'humeur qui implique généralement une alternance d'épisodes maniaques durant lesquels le sujet se montre gai et exalté et d'épisodes dépressifs où il est pris d'abattement et de désespoir, avec des périodes de latence plus ou moins prolongées entre ces cycles.

Lors d'un épisode dépressif, les symptômes se traduisent classiquement par une apathie, un panel d'émotions négatives comme la tristesse, l'anxiété ou même la colère. La personne a tendance à se replier sur elle-même, à s'isoler ; elle connaît des troubles du sommeil et des troubles alimentaires. À l'inverse, lors des épisodes maniaques, elle se trouve soudainement dans un état d'euphorie générale : elle déborde d'énergie, peut être agitée, a tendance à beaucoup parler, à rechercher du contact social, n'hésite pas à se lancer dans des conduites dangereuses pour elle-même et peut également être irritable, voire colérique.

De manière générale, dans le trouble bipolaire, chacun des deux pôles de l'humeur (heureux/malheureux) est exacerbé et disproportionné. En outre, des phases mixtes peuvent aussi exister, dans lesquelles on retrouvera une mélange d'éléments maniaques et dépressifs. Il s'agit d'une pathologie qui, lorsqu'elle n'est pas correctement traitée, peut avoir une forte incidence sur le quotidien d'un individu et engendrer une réelle souffrance.

Elisa Lam était atteinte d'un trouble bipolaire de type I. Dans ce cas, le sujet alterne des phases dépressives avec des phases maniaques relativement longues, puisqu'elles durent au moins une semaine. Ces phases maniaques s'accompagnent parfois de délires comme la paranoïa, des idées de grandeur ou une surestimation de ses capacités. Le discours du malade peut s'accélérer, devenir décousu ; ses comportements sont modifiés et s'accompagnent de gestes incohérents et sans but. Dans certains cas, l'épisode maniaque peut même donner lieu à des hallucinations.

C'était malheureusement le cas d'Elisa. Ses parents et sa sœur aînée ont expliqué à la police de Los Angeles qu'elle avait déjà traversé des épisodes maniaques au cours desquels elle se sentait persécutée, ce qui l'avait poussée à se cacher dans des endroits étranges et exigus, comme par exemple sous son lit. Ils l'avaient aussi déjà vue par le passé avoir le même genre de comportement que dans l'ascenseur, comme bouger ses mains ou ses pieds d'une façon saccadée et bizarre.

Lorsque l'on prête attention aux détails des jours qui ont précédé sa disparition et sa mort, il semble plus que probable qu'elle était en plein épisode maniaque.

Pour son road trip, Elisa avait emporté le traitement qu'elle prenait afin de stabiliser son trouble bipolaire. Quatre médicaments : le Wellbutrin, constitué de la molécule bupropion, qui est prescrit comme antidépresseur ; le Lamictal, constitué de la molécule lamotrigine, qui sert généralement à la prévention des troubles de l'humeur ; le Seroquel, prescrit en cas de troubles psychiatriques tels que le trouble bipolaire et qui réduit généralement les symptômes dits « positifs » (comme ceux qu'on peut retrouver dans les épisodes maniaques ou hypomaniaques) ; et l'Effexor, antidépresseur et anxiolytique.

Or, le rapport toxicologique d'autopsie d'Elisa Lam a révélé qu'au moment de son décès, la jeune femme était sous-dosée. Les boîtes de cachets qu'elle avait emportées, retrouvées par les enquêteurs, contenaient plus de gélules qu'elles n'auraient dû à ce stade de son voyage. Selon toute vraisemblance, l'étudiante avait décidé d'arrêter de prendre son traitement, ou en tout cas de réduire ses prises.

Des études ont montré qu'une moindre observance du traitement dans le trouble bipolaire peut conduire à une phase maniaque qui entraîne le sujet à vouloir réduire de lui-même ses doses puisque, se sentant « bien », il n'en perçoit plus l'utilité. Selon les témoignages recueillis des personnes ayant rencontré Elisa durant son séjour au Cecil Hotel, elle paraissait extravertie, euphorique et agitée, comme lors de sa visite à la librairie.

Un ou deux jours avant sa disparition, Elisa s'était rendue à l'enregistrement *live* d'une émission aux studios de Burbank dont le nom n'a jamais été divulgué, bien qu'un de ses amis ait évoqué le *Conan O'Brien Show*. Elisa avait dû être raccompagnée vers la sortie par la sécurité lors de cette captation en raison de son comportement décrit comme erratique. De plus, elle voulait à tout prix remettre une lettre au présentateur de l'émission, ce qui avait alerté la production car il ne s'agit pas d'un comportement de fan habituel (le contenu de cette lettre n'a jamais été rendu public lui non plus). Une attitude qui ne ressemblait que très peu à la jeune femme habituellement réservée et timide...

Le 31 janvier, dans le hall de l'hôtel, peut-être à la suite de son changement de chambre, elle déclare même au staff : « *Je suis folle, oui... mais comme tout le monde à Los Angeles !* » Si cette phrase n'étonne ni la manager ni son équipe, c'est qu'ils ont l'habitude de voir des clients en perdition dans l'établissement. Ce n'est même pas réellement une spécificité du Cecil, mais plutôt de tout Los Angeles qui a depuis bien longtemps la réputation d'attirer les âmes tourmentées qui viennent s'y brûler les ailes.

Impossible de compter le nombre de trajectoires qui s'y sont brisées, des aspirants acteurs aux starlettes d'un soir en passant par les rêveurs qui croyaient trouver sur la côte pacifique un eldorado fantasmé. Une étrange aura magnétique et empoisonnée règne sur LA, des clubs branchés comme le Viper Room, où River Phoenix s'effondra la tête contre le bitume des suites d'une overdose en 1993, aux galeries d'art contemporain, où la chanteuse Grimes décida de vendre littéralement une partie de son âme durant l'été 2020.

Mais en lisant attentivement les témoignages numériques qu'Elisa a laissés sur ses blogs les années précédant sa mort, on découvre une jeune femme en proie à des troubles de l'humeur depuis longtemps, bien avant son arrivée à Los Angeles. Ses textes sont extrêmement touchants, comme des messages posthumes qu'elle nous adresse, et ils sont un moyen inestimable d'apprendre à mieux la connaître, d'avoir un aperçu de ses pensées, de ses doutes et de ses luttes.

Je suis en train de vivre les pires 96 heures de ma vie.

J'ai été déçue à de multiples reprises par les personnes qui me sont les plus proches.

C'est un miracle que je ne sois pas tombée dans la drogue.

Je suis sur ma fin. Si une personne de plus me pousse, je ne sais pas comment je pourrais encore faire confiance à quelqu'un ou croire que ce monde est bon.

Le suicide n'est pas une option pour moi mais durant les dernières 96 heures, j'y ai pensé de nombreuses fois, je suis juste trop déçue de la race humaine.

(3 novembre 2011)

À cet instant
Je suis tellement heureuse
Mes émotions, vous êtes incontrôlables

(6 novembre 2011)

L'année suivante, Elisa décide de se confier encore un peu plus. Elle évoque sans détour ses troubles de l'humeur : sont posés des diagnostics de dépression et de trouble bipolaire, ainsi qu'un traitement. On peut lire sa réticence et sa méfiance à l'égard des médicaments, ainsi qu'une autodépréciation récurrente.

Ça me semble toujours un peu bizarre que les gens soient si ouverts et honnêtes sur Internet, parfois même plus qu'avec leurs propres amis. Grâce à To Catch a Predator[1], *j'ai tendance à penser que vous êtes tous des pédophiles qui vont essayer de m'attirer pour me violer, mais j'en doute parce que je n'ai pas 13 ans, et que c'est Tumblr...* [...] *Quelque part, c'est réconfortant de savoir qu'il y a quelqu'un qui m'écoute, même si vous êtes tous des inconnus et que vous connaissez ces choses personnelles.*

Bref...

1. Émission de télé-réalité américaine dans laquelle des pédocriminels présumés sont chassés par la production. L'émission a été arrêtée à la suite du suicide d'un des hommes qu'elle avait mis en cause.

Voici le cocktail de prescriptions que je prends pour la dépression.

(Elle publie une photo de 5 gélules alignées, posées sur un drap beige, avec pour chacune son nom, ses effets et la raison pour laquelle elle doit les prendre.)

J'appelle ça le petit déjeuner des champions et je déteste devoir les avaler chaque jour. En gros, je prends des comprimés parce que je n'arrive pas à gérer ma vie.

La vie est dure et comme je ne suis pas capable de gérer les difficultés, j'ai besoin de produits pharmaceutiques. Je me demande ce qui se passera quand je les prendrai sur le long terme. Est-ce que je pourrai m'en passer un jour ?

Une part de moi est dans le déni, pense que je ne suis pas malade et que je peux m'en sortir sans pilules. Peu importe les arguments, je pense que prendre un traitement est une forme de faiblesse. Je ne suis pas assez forte, je n'ai pas suffisamment de courage ou de conviction pour faire les choses bien.

Et puis il y a toujours les cyniques, ceux qui disent que la dépression est une invention de Big Pharma pour tous nous rendre dépendants à leurs gélules et devenir riche. Pfizor[1]*, ça vous dit quelque chose ?* [...]

Même avec tous ces médicaments, je ne suis pas guérie. Contrairement à l'insuline, ces pilules ne sont pas fiables. Elles vont fonctionner pendant une

1. Orthographié ainsi dans le texte original.

semaine et un jour, elles ne feront plus effet et je tomberai dans une spirale infernale, sans filet.

Il n'y a pas de manifestation physique de ma « maladie ». Si j'arrêtais de les prendre, la pire chose qui pourrait m'arriver serait un mal de tête.

Est-ce que je deviendrais psychotique et pourrais me suicider ? J'en doute fort. Selon les autres, oui il y a un gros risque que cela arrive mais je sais que je ne ferais rien d'inconsidéré, comme sauter d'un pont. Je suis trop lâche. Au lieu de ça, je resterai clouée au lit pendant des jours. C'est ma manifestation physique, dormir pendant des jours. [...]

OH ATTENDEZ. En faisant ça, je ne changerai jamais et je ne serai jamais capable de vaincre ma peur. Oh, ciel, non !!!

Je m'en veux de ne pas être capable de faire le bon choix. [...]

Quand on est dépressif, apparemment on est responsable et capable de faire le choix d'aller mieux. Les diabétiques ne peuvent pas décider de ne plus être diabétiques.

Alors, est-ce que ça signifie que je suis dépressive parce que je n'arrive pas à prendre la bonne décision ? Est-ce que je suis mal équipée pour affronter les hauts et les bas de la vie ? Je pensais que tout le monde luttait avec ça mais pourquoi ne sommes-nous pas tous sous antidépresseurs, si ça rend la vie plus facile ?

(3 mai 2012)

En rassemblant tous ces éléments, l'hypothèse officielle – celle d'une noyade accidentelle lors d'un épisode maniaque – prend tout son sens.

On dit souvent que dans les affaires criminelles ou mystérieuses, l'explication la plus simple est la bonne. Si, au vu de toutes les affaires que j'ai pu étudier, je ne suis pas toujours d'accord avec cette affirmation, je crois malheureusement qu'elle s'applique au cas d'Elisa Lam.

La jeune femme était partie en voyage pleine d'idéaux de liberté et d'aventure, portée par un réel et sain désir d'émancipation de cette famille avec laquelle elle n'était pas toujours en bons termes, malgré tout l'amour que ses membres se portaient. Arrivée en Californie, elle a probablement vu toutes ses habitudes chamboulées et s'est retrouvée perdue, apeurée, fatiguée, comme elle l'expliquait le 25 janvier alors qu'elle était dans une auberge de jeunesse de San Diego :

Aujourd'hui, j'ai dormi, pris une longue douche chaude, je me suis gavée avec un repas à 3 dollars. C'est ce que j'ai fait de plus productif et agréable.

Je n'ai sérieusement rien à faire à San Diego qui soit hors de ma routine habituelle de la maison.

JE FAIS CE QUE JE VEUX.

Après tout, j'aime le confort de ma maison et de temps en temps, je fais quelque chose de totalement impulsif et courageux, comme dire à un garçon que je viens de rencontrer qu'il me plaît...

J'aime bien observer les gens à l'auberge.

Maintenant que je suis reposée et que je me sens bien, je m'aventurerai un peu plus dehors à partir de demain. #caliblah #OK OK ça suffit de faire la plante verte #Il est temps de se mettre au boulot.

C'est peut-être cette raison qui l'a poussée à diminuer son traitement, car il n'est pas rare que les antidépresseurs et anxiolytiques fatiguent et inhibent l'énergie.

Elisa était hantée par l'idée qu'elle n'était pas assez forte pour ceci, pas assez courageuse pour cela... C'était peut-être l'occasion pour elle de dépasser ses limites, de se prouver à elle-même qu'elle pouvait s'en sortir seule, sans béquille chimique.

Mais arrivée à Los Angeles, logée à Skid Row et privée de son traitement, elle a été rattrapée par la réalité et ses dangers. La légende du Cecil Hotel et la « monstruosité », comme l'écrivait Elisa elle-même, qui régnait dans ses murs ont-elles pu déclencher chez elle un sentiment d'effroi, au point qu'elle se sente menacée, persécutée ? Un délire paranoïaque semble s'être emparé d'elle en phase maniaque. C'est ainsi qu'elle a cherché à se protéger dans le dortoir, en s'enfermant et en vérifiant grâce à un mot de passe que ses compagnes de chambre étaient bien celles qu'elles prétendaient être. C'est aussi peut-être pour cela que, poussée par un excès de confiance en elle, elle s'est mise à parler à tout le monde dans la librairie, dans le hall de l'hôtel, ou qu'elle a perturbé l'enregistrement de l'émission à Burbank.

Néanmoins, pourquoi s'est-elle retrouvée au 14e étage du Cecil, le 31 janvier en fin de journée, alors qu'elle logeait au 5e étage ? Désorientée par son changement de chambre, s'est-elle perdue dans le dédale de couloirs et d'étages du bâtiment ? Sur la vidéosurveillance de l'ascenseur, on peut constater qu'Elisa ne portait pas ses lunettes de vue, elle qui était myope. Est-ce pour cela qu'elle appuyait frénétiquement sur tous les boutons de la rangée du milieu, dans une vaine tentative de retrouver le chemin jusqu'à sa chambre ?

Ses mouvements étranges laissent penser qu'elle était victime d'hallucinations à ce moment-là, luttant pour s'accrocher à la réalité.

C'est aujourd'hui la version officielle des autorités, n'en déplaise à tous ceux qui souhaitent rendre justice à Elisa en mettant au jour un complot ou un mystérieux tueur.

Mais pour moi, le Cecil Hotel n'en demeure pas moins le principal suspect dans ce drame. Son histoire, entachée par les nombreux décès qui y sont survenus, ainsi que sa population peu fréquentable ont probablement poussé Elisa un peu plus loin dans son état délirant. Conjugués à des défaillances de sécurité, tous ces éléments ont pu conduire à la terrible tragédie qui a pris la vie d'une jeune femme de 21 ans.

Des questions subsistent malgré tout. Où est passé le téléphone portable d'Elisa Lam ? Quelles étaient les motivations de la jeune femme pour monter sur le toit de l'hôtel ? Pourquoi l'enregistrement vidéo de la caméra de l'ascenseur a-t-il été édité ? La police de Los Angeles n'a jamais répondu à ces questions, laissant la porte ouverte à de multiples doutes et théories qui font de l'affaire Elisa Lam un mystère aujourd'hui encore entretenu et débattu sur de nombreux forums.

Le 25 novembre 2011, voici ce qu'Elisa écrivait :

Je suis une personne assez théâtrale, alors pour des étudiants stressés, indifférents ou qui s'ennuient, mon comportement en classe était un peu excessif et pas nécessaire (même si j'aurais pu aller encore plus loin), mais c'était une réponse parfaitement rationnelle pour moi. [...]

Je dois ajouter aussi que je n'avais pas du tout dormi à cause de mes insomnies et mon planning de sommeil inexistant. L'adrénaline et autres hormones !

Je n'ai jamais pris de crack ou d'acide ou de LSD (et je ne sais visiblement pas ce qu'ils font ou quelles drogues les gens prennent de nos jours ni comment ils les appellent), mais ça se voit quand une personne est défoncée ou quoi.

Je suis presque sûre que les deux personnes à côté de moi ont pensé que j'avais pris des substances illégales. Je m'excuserai auprès d'elles la prochaine fois pour mon comportement erratique. Je ne pense pas que la plupart des gens qu'ils connaissent agissent comme ça, même dans leurs pires jours. En plus, ils ne me connaissent pas depuis longtemps donc ils ne se rendent pas compte que je peux devenir psychotique comme ces gens dont on entend parler sur Internet. C'est drôle tant que ça arrive à quelqu'un d'autre...

C'était pas si grave, de mon point de vue, mais les gens disent systématiquement « calme-toi » alors que c'est inutile, parce que ça ne fera pas disparaître l'émotion.

Évacuez d'abord, PUIS calmez-vous. Et puis je n'en viens pas aux mains avec les gens. Ma voix est naturellement forte, je peux parler très vite, dire des choses qui n'ont aucun sens et faire des grands gestes qui peuvent vous blesser si vous êtes trop près. Je pense que tuer des zombies est un bon moyen de se détendre d'ailleurs. La violence peut faire du bien. [...]

C'est vraiment alarmant si vous avez les yeux exorbités, que vous ne clignez pas des yeux et que vous avez l'air dérangé et psychotique pendant un cours de 80 minutes. Je dessinais d'une manière assez agressive et je fermais mon poing jusqu'à avoir les jointures blanches (l'école devrait nous fournir des balles anti-stress gratuites) et j'ennuyais/effrayais mon camarade car il prenait des notes sur SON MACBOOKPRO et je le regardais comme une oasis dans le désert. Le regard du tueur en série sur son mugshot. *Je crois qu'il avait un entraînement après le cours mais il est parti VRAIMENT VITE à la fin.* [...]

Tout ça fera de belles histoires à raconter à mes petits-enfants.

Ummmmmmmmmmmm alors je crois que si vous m'avez lue jusqu'ici, je vous dois une sorte de morale ou quelle conclusion – genre épiphanie – cette expérience m'a apportée [...].

Gardez un sens de l'humour sain *car sans ça, vous ne pourrez rien gérer du tout. Le sarcasme et le cynisme, c'est bien, mais si c'est votre seule forme d'humour, vous allez vous focaliser sur les choses les plus pourries.*

Une chose que vous devriez essayer de faire plus, c'est de **montrer vos émotions en public**. *Ça peut être stimulant, surtout si vous faites peur aux inconnus. Vous apprendrez à ne plus vous soucier du regard des autres et aussi, je crois que dans un sens, vous illuminerez leur journée en parlant fort de votre vie bizarre. Rappelez aux autres que vous êtes humain, et qu'ils sont humains, et que c'est un drôle de drôle de drôle de monde où des gens stupides vivent et des choses stupides arrivent.*

Merci de m'avoir lue. J'espère que je vous ai fait un peu sourire et que je vous ai distrait de vos propres problèmes quelques instants. Maintenant, il est temps de quitter Tumblr et d'aller faire n'importe quel travail que vous devriez faire pendant une bonne demi-heure.

Vous pouvez revenir sur Tumblr plus tard, je serai toujours là =)

5

Aux origines du mal

Il y a plus d'un siècle, le terrain sur lequel le Cecil Hotel a été construit abritait uniquement une maison qui fut ensuite transformée en animalerie et élevage de poules, le Fancier's Exchange. Aucune trace d'un vieux cimetière amérindien, cliché pourtant quasi inévitable lorsqu'on parle de lieux maudits aux États-Unis...

Au début des années 1920, trois hôteliers[1] investissent près de 1,5 million de dollars pour la construction du Cecil Hotel, un établissement qu'ils souhaitaient à la fois luxueux mais relativement abordable pour des voyageurs et hommes d'affaires en déplacement dans le quartier de Downtown Los Angeles, un lieu alors en pleine explosion démographique au centre de la ville.

Ils confient la construction de cet immense immeuble de 14 étages dans un style Beaux-Arts, alors très en vogue aux États-Unis, à la Weymouth

1. William Banks Hanner était le président de la société de gestion de l'hôtel, R.H. Schops le vice-président et Charles L. Dix en était le secrétaire et le trésorier.

Crowell Company et le design à l'architecte Loy Lester Smith. Le hall de l'hôtel est particulièrement impressionnant : entièrement en marbre orné de rosaces et décoré de vitraux, avec un grand escalier, des colonnes, des statues d'albâtre, de longs miroirs et des palmiers géants en pots. Tout d'un palace ! Le Cecil Hotel est inauguré le 20 décembre 1924. Dans les rues alentour, d'autres établissements du même genre ouvrent les uns après les autres, mais aucun ne connaîtra le funeste destin ni la célébrité du Cecil...

En juin 1925, les Gédéons, une organisation chrétienne évangélique, offrent 700 bibles à l'hôtel (une pour chaque chambre) afin de convertir les visiteurs. Une pratique courante à l'époque dans les lieux publics, hôtels, hôpitaux, prisons, écoles et même jusqu'aux arrêts de bus. Cela ne suffira malheureusement pas à contrer l'aura maléfique des lieux.

En 1927, les tarifs du Cecil Hotel correspondent à ceux d'un hôtel de milieu de gamme : 1,50 dollar la nuitée avec salle de bains commune, 2 dollars pour une chambre avec W-C privatifs et 2,50 dollars pour une chambre plus luxueuse avec salle de bains complète privative.

Mais la grande crise d'octobre 1929 bouleverse le destin de l'établissement. Le krach boursier plonge les États-Unis dans la plus grande débâcle économique du siècle, la Grande Dépression. Le Cecil parvient à résister malgré tout, mais perd de sa superbe et voit son quartier changer drastiquement durant les deux décennies suivantes. Peu à peu, la classe moyenne y est remplacée par une population peinant à se loger.

Los Angeles a toujours été la ville de tous les paradoxes. Celle qui a invariablement compté le plus de millionnaires avec leurs incroyables manoirs, leurs voitures de luxe, mais aussi le plus grand nombre de pauvres : près de la moitié des SDF du pays vivent en Californie. Ce phénomène s'explique à la fois par la flambée des prix qui n'a cessé de jeter de plus en plus de gens à la rue, même salariés, et par le climat chaud de l'État qui a poussé de plus en plus de personnes sans domicile à s'y réfugier. Des milliers de sans-abri tentent ainsi de survivre dans la Cité des anges et, au fil du temps, beaucoup se sont rassemblés dans le quartier de Skid Row, « le quartier de ceux qui dérapent », baptisé ainsi dès la fin du XIXe siècle.

Depuis la crise financière des années 1930, ils ne sont pas moins de 10 000 à y vivre, à même la rue : alcooliques, junkies, délinquants et marginaux de toutes sortes, accidentés de la vie, renégats de la société (comme les anciens soldats traumatisés de la Première Guerre mondiale, puis de la Seconde, ou les bannis des hôpitaux psychiatriques).

C'est au sein de ce quartier sensible que se dresse le colossal Cecil Hotel, dont les 700 chambres deviennent rapidement un refuge pour les démunis, l'établissement pratiquant des prix de plus en plus attractifs pour tenter de conserver des clients. Et, plutôt que d'accueillir des voyageurs de passage, le Cecil fait aussi le choix de devenir dès ces années-là un lieu de vie à moyen et long terme pour une population pauvre et parfois dangereuse. Sur sa façade droite, l'immeuble arborait un immense panneau rouge sur lequel on pouvait lire « Monthly, Weekly, Rates » indiquant la possibilité de louer une chambre au mois ou à la semaine à bas prix.

C'est deux ans après son inauguration, en 1926, que la mort commence à frapper aux portes du Cecil.

Le premier décès officiellement enregistré dans l'hôtel est celui de William F. McKay, un exploitant minier de 62 ans mort de cause naturelle dans sa chambre le 10 juin.

Puis, le 5 octobre, H. W. Simons, un résident de longue durée du Cecil Hotel, s'y éteint des suites d'un accident cardiaque. Simons avait 46 ans mais souffrait d'une pathologie au cœur depuis plusieurs années, ce qui l'avait forcé à prendre une retraite anticipée.

En 1927, on trouve la première trace d'un suicide dans l'établissement. Dans la soirée du 22 janvier, Percy Ormond Cook, un entrepreneur immobilier, se tire une balle dans la tête dans sa chambre. Il est transporté en urgence au Los Angeles Receiving Hospital où les médecins tentent de le réanimer, mais il décède quelques heures plus tard.

Percy Cook avait pris soin de laisser un mot dans sa chambre pour justifier son geste. Il y expliquait qu'il était autrefois un riche courtier immobilier, mais qu'il était désormais séparé de sa femme et de son fils depuis plusieurs mois. Tombé dans la dépression et après avoir longuement ruminé sa solitude, il en était venu à la conclusion que la seule issue envisageable pour lui était le suicide. Il avait ainsi adressé une lettre à sa femme pour l'informer de ses intentions, sans obtenir de réponse. Une semaine s'était écoulée avant qu'il ne trouve le « courage » d'appuyer sur la gâchette.

> *L'argent n'achète pas le bonheur. J'ai essayé, mais je me suis rendu compte que ce n'était pas possible. J'ai perdu ma femme, mon fils et ma maison, et je fais la seule chose qu'il me reste à faire...* (Note retrouvée dans la chambre de Percy Ormond Cook, 22 janvier 1927.)

Par la suite, de nombreuses autres personnes perdront la vie dans l'établissement : suicides, overdoses, meurtres constituent le quotidien des employés de l'hôtel qui sera même le lieu de résidence d'au moins deux tueurs en série notoires : Richard Ramirez et Jack Unterweger. Hasard malheureux ou véritable malédiction ?

Durant les années 1940, la clientèle du Cecil Hotel compte de plus en plus de couples adultères et de prostituées. S'y tient aussi la première réunion d'Alcooliques Anonymes de la ville, à l'initiative de Mort J., un homme convaincu de l'efficacité du programme après avoir réussi lui-même à arrêter de boire en suivant les étapes du manuel. Il loue à ses frais une chambre pour lancer les toutes premières rencontres des AA de Los Angeles.

Mais le quartier reste violent. Malgré un changement de direction en 1941, l'hôtel ne parvient pas à sortir de la rubrique des faits divers. Un locataire, dont le nom semble s'être perdu au fil du temps, est tué en 1941 dans un échange de tirs au bar Waldorf Cellar après une dispute avec un ami d'enfance.

En 1956, la ville de Los Angeles entame une campagne pour la réhabilitation de Skid Row : on décide notamment de détruire tous les immeubles en mauvais état. Les propriétaires et investisseurs immobiliers trouvent plus facile de faire raser des immeubles plutôt que de tenter de les réparer ou de les entretenir... Conséquence : encore plus de personnes se retrouvent à la rue, sans relogement possible.

Dans les années 1970, la ville change de tactique et autorise que des abris ou des zones de refuge et de prise en charge des sans-abri soient créés à Skid Row. L'objectif officieux est en réalité de créer une zone de confinement de la pauvreté, pour éviter que celle-ci ne se propage partout dans la ville.

Puis, à la fin des années 1980 et au cours des années 1990, à la suite d'une nouvelle politique de répression, les autorités chargent la police et les pompiers de « nettoyer » Skid Row par des actions de « ratissage ». Des lois anti-camping interdisent alors aux pauvres de dormir dans la rue et prévoient des sanctions en cas d'infraction. Le procureur de Los Angeles s'interpose, refusant que les sans-abri ramassés lors de ces actions soient poursuivis en justice, ce qui le conduit à un bras de fer avec le chef du LAPD.

> « *Je ne poursuivrai pas des gens pour le simple motif qu'ils sont pauvres, défavorisés et incapables de trouver un endroit où dormir tant que je ne serai pas convaincu qu'il existe une alternative viable au fait de dormir dans la rue.* » (James K. Han, procureur de Los Angeles [et futur maire de la ville], 30 mai 1987.)

Finalement, après que le conseil municipal a pris connaissance du traitement répressif prévu par la police pour les sans-abri, une motion est adoptée pour que ces lois ne puissent être appliquées tant que des solutions de logement adéquates n'auraient pas été trouvées pour tous les habitants du quartier.

Ces décisions ont-elles permis d'endiguer les phénomènes de pauvreté et de violence dans les rues de Los Angeles ? Non, bien évidemment. Les pauvres ont été abandonnés à leur sort et, bien que de nombreuses associations aient tenté d'apporter leur aide, la situation n'a pas pu s'améliorer en l'absence d'une politique forte.

Dans les années 2000, un nouveau scandale éclate : les forces de l'ordre et les hôpitaux de la région pratiquent à Skid Row du « dumping », c'est-à-dire qu'ils larguent sur place les laissés-pour-compte dont ils ne savent que faire : sans-abri, toxicomanes, malades mentaux. Skid Row sert littéralement de décharge humaine.

Aujourd'hui encore, la zone est considérée comme malfamée et dangereuse. Délaissée par les autorités, Skid Row est devenue la verrue de Los Angeles, celle qu'on ne montre pas dans les publicités, les documentaires ou sur Instagram. Les trottoirs sont submergés de tentes. Les États voisins de la Californie chargent des cars de leurs sans-abri et les envoient à Skid Row pour s'en débarrasser ; les détenus bénéficiant de libération anticipée sont aussi relâchés en secret dans le quartier ; les agressions et vols y sont monnaie courante. Pourtant, il subsiste une lueur d'espoir dans toute cette obscurité grâce à la présence d'associations se battant pour rendre un peu de dignité aux SDF en leur apportant de la nourriture ou en leur proposant un logement pour la nuit.

C'est donc au travers de l'histoire de ce quartier que s'est forgée celle du Cecil Hotel. La clientèle des lieux a évidemment beaucoup changé depuis les années 1920. Après les touristes et les hommes d'affaires, ce sont des personnes pauvres, désocialisées, qui ont posé leurs maigres valises dans l'établissement, de façon pérenne. Certains d'entre eux y ont vécu pendant des années, comme de véritables locataires.

Si le hall de l'hôtel a conservé ses allures majestueuses, les chambres du Cecil Hotel ont toujours été très simples, spartiates, presque déprimantes. Des murs ternes, des lits basiques, un sol à la propreté douteuse et de petites salles de bains individuelles pour les plus chères. Les étages, desservis par deux petits ascenseurs, se déploient en longs couloirs sinistres dans cette immense bâtisse en forme de *E*.

Au fil des décennies, les différents gestionnaires du Cecil Hotel ont tenté de maintenir l'établissement à flot malgré sa mauvaise réputation et sa clientèle peu engageante. Des travaux de rénovation minimes sont parfois effectués, et nombreux sont les touristes à déchanter en arrivant dans leurs chambres après s'être laissés charmer par l'esthétique époustouflante du hall d'entrée et les prix attractifs.

En 2007, une partie de l'hôtel a été rénovée par de nouveaux propriétaires dans l'espoir de changer l'image du Cecil et de redorer son blason. Ces efforts ne suffisant pas, il a été décidé de diviser l'établissement en deux en 2011 : le Cecil Hotel continuerait d'héberger des personnes pour des durées moyennes à longues, qui seraient placées dans les étages supérieurs, tandis que les étages inférieurs seraient destinés aux voyageurs de passage et proposeraient des chambres en dortoirs ou individuelles. C'est à cette même période qu'on a renommé « Stay On Main » la partie destinée aux touristes et qu'ont été créés sa propre entrée et son site internet.

En 2014, l'hôtel a été racheté 30 millions de dollars par l'hôtelier Richard Born, tandis qu'une société immobilière a acquis un bail de quatre-vingt-dix-neuf ans pour le terrain. Ensemble, ils comptent apporter des modifications majeures à l'établissement tout en préservant sa valeur historique et architecturale dont témoigne son magnifique hall.

D'ailleurs, en février 2017, le conseil municipal de Los Angeles a voté positivement pour classer le Cecil Hotel en tant que monument historique et culturel, afin de protéger son architecture typique des années 1920. Une de ses anciennes directrices, Amy Price, a déclaré récemment dans le documentaire Netflix *Scène de crime : la disparue du Cecil Hotel*, dédié à la mort de la jeune Elisa Lam en 2013, qu'au cours de ses dix ans de service à la tête de l'établissement, entre 2007 et 2017, près de 80 personnes étaient décédées dans leurs chambres (principalement de suicides et d'overdoses). Cette déclaration n'est pas confirmée par les chiffres officiels qui ne font état que d'une vingtaine de morts connues directement liées au lieu... Pourtant, on peut facilement imaginer que de nombreux décès ont pu être passés sous silence, pour tenter d'éviter une mauvaise publicité.

Le Cecil a fermé ses portes au début de l'année 2017 pour des travaux de rénovation. Selon le calendrier initialement prévu, il aurait déjà dû rouvrir durant le courant de l'année 2021, mais l'épidémie de Covid-19 a fait prendre du retard au chantier. Le projet restant très discret, on a longtemps spéculé sur l'avenir de l'établissement. Finalement, le 13 décembre 2021, la presse a annoncé la réouverture prochaine du Cecil, en tant que résidence proposant des logements abordables pour personnes en situation précaire.

6

ELIZABETH SHORT,
les mille vies du Dahlia noir

Toutes les existences touchent le Dahlia.
Betty reste absolue à jamais.
L'obscurité définissait son existence.
La célébrité définit sa mort

James Ellroy, *Le Dahlia Noir*[1]

Vers 10 heures le 15 janvier 1947, Betty Bersinger entame sa promenade habituelle dans Leimert Park avec sa fille de 3 ans, Anne, dans sa poussette.

Il fait froid ce matin-là. Une fine couche de givre couvre les mottes de terre des terrains vagues de ce quartier en pleine construction. Soudain le regard de Betty est attiré par une forme blanchâtre au bord d'un chemin. Elle s'approche de ce qu'elle pense être un mannequin en plastique désarticulé, lorsqu'elle réalise avec horreur qu'il s'agit d'un cadavre de femme sectionné en deux. Éloignant son enfant de cette scène macabre, Betty tourne immédiatement les talons et fonce avec la poussette vers la

1. Éditions Rivages, 2006, traduit de l'américain par Freddy Michalski.

maison la plus proche, où elle demande à utiliser le téléphone pour avertir la police.

Quelques minutes plus tard, des enquêteurs arrivent sur place et font les premières constatations de ce qui deviendra l'une des affaires criminelles les plus célèbres de Los Angeles et des États-Unis.

Le corps gît sur un terrain vague, près du trottoir de South Norton Avenue, entre Coliseum Street et la West 29th Street. La scène est insoutenable. La victime est une jeune femme qui a été coupée en deux au niveau de l'abdomen. Entièrement vidé de son sang, le cadavre a pris une teinte albâtre presque irréelle. Le buste repose à une trentaine de centimètres des jambes, les coudes relevés et les mains posées de chaque côté de la tête. Les cuisses sont écartées dans une position indécente, laissant apparaître un pubis sévèrement mutilé de larges lacérations qui s'étendent le long des jambes[1], tandis que les intestins sont soigneusement repliés et cachés sous les fesses. Les seins aussi ont été profondément tailladés et ne sont plus que d'énormes lambeaux de chair.

Quant au visage, il n'a pas été épargné. Couvert d'ecchymoses, il arbore un sinistre sourire : une entaille part de chaque commissure de la bouche et s'étire jusqu'aux oreilles. Bizarrement, les zones de peau diaphane qui n'ont pas été lacérées sont propres. Le tueur a méticuleusement lavé le corps

1. On découvrira plus tard qu'un morceau de peau prélevé au niveau de la cuisse correspondait à un tatouage de rose, retiré pour compliquer l'identification du corps.

et drainé tout le sang avant de jeter sa victime sur ce bout d'herbe. À proximité, la police découvre une empreinte de talon dans la boue, des traces de pneus, ainsi qu'un sac de ciment vide imbibé de sang.

Très vite, la scène de crime grouille d'inspecteurs de police, mais aussi de curieux et des premiers photographes et journalistes dépêchés sur les lieux. Au-dessus, en regardant au loin par temps clair, on peut apercevoir le panneau HOLLYWOODLAND, laissé à l'abandon depuis près de dix ans. L'affaire sera un des derniers feuilletons-papier à sensation de Los Angeles avant l'avènement de la télévision, et les journaux s'affrontent dans la course à la meilleure une.

Vers 15 heures cet après-midi-là, le premier journal à annoncer la nouvelle est l'*Examiner*, qui publie un « extra » à son édition du matin. En moins de trois heures, toutes les éditions de ce supplément sont vendues. L'article concernant la « Jane Doe #1[1] » fait la une avec une photo de l'inconnue allongée dans l'herbe, retouchée au niveau du visage pour effacer les entailles et les ecchymoses, tandis que le corps est dissimulé sous une couverture fictive, peinte à la main, par pudeur[2].

1. Jane Doe est le nom donné aux inconnues non identifiées par la police aux États-Unis, l'équivalent pour les hommes étant John Doe. Le #1 indique qu'il s'agissait du premier cas de femme non identifiée de l'année 1947.

2. Les photos non retouchées du corps ne seront divulguées que plusieurs décennies après le crime.

L'affaire du Dahlia noir est probablement l'un des faits divers les plus célèbres des États-Unis. C'est, d'une certaine façon, l'équivalent américain des crimes de Jack l'Éventreur à Londres. Depuis des décennies, on a discuté, écrit, adapté, mis en scène le tragique assassinat de cette jeune femme aux allures de star de cinéma, qui reste encore à ce jour irrésolu.

En 1979, John G. Dunne publie son roman *Sanglantes confidences*, dans lequel il s'inspire fortement de l'affaire du Dahlia noir et présente la victime comme une prostituée. Quelques années plus tard, un film d'Ulu Grosbard en sera tiré, *Sanglantes confessions*, mettant en scène Robert De Niro et Robert Duvall.

En 1984, le réalisateur Kenneth Anger sort le second volume du sulfureux *Hollywood Babylone* dans lequel figurent des photos du corps de la victime, images qui n'avaient encore jamais été rendues publiques jusque-là.

Quatre ans plus tard c'est James Ellroy qui fait paraître *Le Dahlia noir*, roman inspiré de cette affaire qui l'obsède depuis son enfance. Dans le récit, il mêle réalité et fiction, et suggère la présence d'Elizabeth Short (la victime) dans des films pornographiques. Devenue un classique de la littérature américaine, l'œuvre, très sombre, est aussi l'occasion pour son auteur d'exorciser ses propres traumatismes : l'assassinat de sa mère alors qu'il n'était qu'un enfant.

Le roman sera adapté au cinéma en 2006 par Brian De Palma, avec Scarlett Johansson et Josh Hartnett en tête d'affiche.

En 1994, John Gilmore publie *Severed*, l'un des premiers livres documentaires sur l'affaire, agrémenté de nombreuses photos d'Elizabeth Short de son vivant mais également de photos inédites post mortem. L'ouvrage contient néanmoins beaucoup d'approximations, voire d'informations erronées : il fait par exemple régulièrement référence à un officier du LAPD dénommé Herman Willis... qui n'existe pas. Il évoque également le passage d'Elizabeth Short à l'hôtel Clinton avec une amie, dont on ne trouve pas trace dans les sources officielles. Aucun hôtel Clinton n'existait non plus à Los Angeles dans ces années-là.

En 2011, Ryan Murphy et Brad Falchuk font apparaître la jeune femme dans le neuvième épisode de la saison 1 d'*American Horror Story*, intitulé *Murder House*. Dans cette fiction, Beth rêve d'être une actrice célèbre mais devient la victime d'un médecin peu scrupuleux.

La plupart de ces œuvres ont forgé notre vision de l'affaire, et ce que nous croyons savoir sur Elizabeth Short. Pourtant, la réalité est bien plus complexe et nuancée. Des rumeurs ont longtemps relié l'affaire du Dahlia noir au Cecil Hotel, sans preuves. De très nombreux livres ont été publiés, chacun proclamant avoir enfin découvert l'identité de l'assassin. Cependant, la plus grande prudence reste de mise avec quiconque se vanterait d'avoir découvert la vérité...

Retour au mois de janvier 1947. Le lendemain de la découverte du corps, l'*Examiner* fait de l'affaire son gros titre, et l'article débute par un court texte décrivant la scène de crime :

> *Tuée par un démon, une adolescente a été découverte sur un terrain vague hier. Le corps nu était sectionné à la taille.*
>
> *La jeune fille a été tuée ailleurs et son corps a été transporté sur le terrain puis laissé en évidence, à moins d'un mètre du trottoir.*
>
> *La mort l'a emportée, selon la police scientifique, après des heures de torture.*

Jusqu'alors, l'identité de la jeune femme assassinée reste inconnue. L'autopsie pratiquée par Frederick Newbarr va permettre de mieux cerner son profil, mais aussi de retracer les conditions de son décès. La victime est une femme de 1,65 mètre, pesant 52 kilos, avec une chevelure brune bouclée teinte au henné et des yeux bleu clair. Ses dents sont en très mauvais état, du fait d'un manque de soins bucco-dentaires. En plus des lacérations profondes sur les bras, les cuisses, le pubis et les seins, Newbarr note des traces de liens au niveau des poignets, des chevilles et du cou, signe qu'elle a été attachée avant sa mort. Les blessures au niveau du visage l'ont tant défigurée qu'elle est méconnaissable et ses empreintes digitales sont partiellement altérées à cause d'une immersion prolongée dans l'eau.

Le corps a été sectionné en deux entre la deuxième et la troisième vertèbre lombaire selon une technique assez particulière appelée hémisomatectomie, typique des enseignements en faculté de médecine des années 1930. Il s'agit d'une chirurgie extrême, utilisée en de très rares occasions, qui ampute le patient au niveau des vertèbres lombaires et le prive de toute la partie basse du corps et de ses fonctionnalités : jambes et bassin, comprenant les organes génitaux, le système urinaire et le rectum.

L'absence d'hématomes autour de la cicatrice indique que cet acte a été commis après le décès de la jeune femme. Le canal anal est fortement dilaté, indice que la victime a probablement été violée, mais aucune trace de sperme n'a été détectée dans les prélèvements.

Le crâne a été frappé à plusieurs reprises, sur le côté droit à l'avant, et, bien qu'il ne soit pas fracturé, la mort résulte très probablement de ces coups, combinés à la perte de sang consécutive aux entailles faites de chaque côté de sa bouche. Tout, à l'évidence, indique que la victime a vécu un véritable supplice avant d'être brutalement assassinée.

Un détail interpelle le médecin légiste. L'instrument utilisé pour faire les entailles au visage et sur le corps semble être un couteau, tandis qu'on a eu recours à un instrument chirurgical d'une façon bien plus méthodique pour sectionner le corps en deux. Deux lames différentes, utilisées à deux moments distincts (l'un avant la mort, l'autre après), soit deux modes opératoires... et peut-être, donc, l'implication potentielle de plusieurs personnes dans le meurtre et la disposition du corps à l'endroit où il a été retrouvé.

Le rapport d'autopsie n'a jamais été rendu public. Pendant longtemps, la police de Los Angeles a prétendu qu'il contenait des informations jamais divulguées qui pourraient être importantes pour l'enquête : certains détails ne pouvaient être connus que du tueur lui-même. En 2003, le bureau du médecin légiste de Los Angeles a annoncé que le rapport avait été égaré. C'est le seul rapport d'autopsie d'une affaire non élucidée à Los Angeles qui n'a jamais été rendu accessible au public, sans qu'aucune explication ait été fournie.

Les empreintes digitales de l'inconnue ont été prélevées, non sans difficulté, et transmises au FBI grâce à une machine ancêtre du fax, Soundphoto, qui permettait d'envoyer des images par téléphone. Fait surprenant, cette machine n'appartenait pas aux autorités mais à la Hearst Corporation, propriétaire de journaux (l'*Examiner* et le *Los Angeles Herald-Express*) prêts à tout pour obtenir l'exclusivité d'un scoop.

Profitant d'une tempête de neige qui sévit dans le pays, la compagnie affirme qu'envoyer les photos des empreintes à Washington par avion pourrait prendre des jours et propose donc les services de sa machine, ce que la police accepte. Contrairement à aujourd'hui, il n'était pas rare à l'époque que la police et les médias coopèrent étroitement lors d'une enquête.

En une heure à peine, l'agence fédérale trouve l'identité de la victime grâce à deux concordances dans ses fichiers. C'est ainsi qu'on identifie Elizabeth Short, une jeune femme de 22 ans. Elle avait été arrêtée le 23 septembre 1943 près de Camp Cooke pour consommation d'alcool avec un groupe de soldats alors qu'elle était mineure. Ses empreintes avaient également été prises quelque temps plus tard, lorsqu'elle avait postulé pour travailler dans un commissariat de l'armée américaine.

Inévitablement, cette information tombe dans les mains de James Richardson, le rédacteur en chef du *Los Angeles Examiner*, qui pousse immédiatement un de ses journalistes, Wain Sutton, à contacter la mère d'Elizabeth à Boston.

Phoebe Short n'était pas au courant de la mort de sa fille. Sur les ordres de Richardson, Wain Sutton lui téléphone en prétextant que la jeune femme vient de gagner un concours de beauté, afin de récolter le plus d'informations possibles sur sa vie privée. Laissant éclater sa joie, Mme Short commence à s'ouvrir au journaliste. Elle lui parle de la beauté de sa fille, qui avait déjà remporté plusieurs concours, dont celui de Medford, où elle avait grandi. Puis elle raconte à Sutton combien Elizabeth plaît aux hommes et mentionne la dernière lettre que sa fille lui a envoyée. Elle remonte au 8 janvier et a été postée de San Diego, où Beth a rendu visite à des amis, accompagnée par un gentleman surnommé « Red ». Après lui avoir soutiré toutes ces confidences, le journaliste révèle à Phoebe Short que sa fille a été assassinée. La mère est si choquée qu'elle refuse de croire Sutton. Ce n'est que plus tard, lorsque la police de sa petite ville viendra toquer à sa porte pour lui annoncer le décès, qu'elle se rendra à l'évidence.

L'*Examiner* propose à la mère d'Elizabeth de la défrayer d'un billet d'avion et d'un logement à Los Angeles pour qu'elle puisse venir épauler la police dans son enquête. Cette manœuvre a pour but de sécuriser l'exclusivité des scoops. En réalité, les journalistes n'ont jamais aidé Mme Short à se rapprocher des enquêteurs, bien au contraire. Phoebe Short, qui a élevé seule ses cinq filles, puis enduré le tragique assassinat de l'une d'elles, doit se rendre seule à Los Angeles pour identifier le corps à la morgue. Après deux jours d'hésitation, car elle ne se sent pas la force de voir son enfant ainsi mutilée, Phoebe accepte enfin de se confronter à la dépouille de sa fille.

Celle-ci est si atrocement défigurée que sa propre mère peine à la reconnaître, mais elle remarque une cicatrice dans le dos qui ne laisse aucun doute : il s'agit bien d'Elizabeth.

Phoebe Short retourne ensuite chez elle, refusant de parler aux journalistes qui se présentent à sa porte.

> « *Il n'y a plus rien à faire, toute la publicité du monde ne me ramènera pas ma fille* », pleure-t-elle.

Lors de ses rares prises de parole ultérieures, elle essaiera toujours de dépeindre sa fille sous un jour flatteur, en insistant sur sa gentillesse et le fait qu'elle était sage et innocente (contrairement à ce qu'écrivaient les reporters).

Quelque temps plus tard, elle déménagera pour se rapprocher de la tombe de sa fille, enterrée au cimetière de Mountain View à Oakland. Elle s'est éteinte le 1er mars 1992, à l'âge de 94 ans, sans connaître la vérité.

7

ELIZABETH SHORT,
derrière le Dahlia noir, la vraie Elizabeth

Elizabeth Short est née le 29 juillet 1924 à Boston, dans le Massachusetts. Son enfance et sa courte vie sont marquées par les tragédies. En octobre 1930, alors qu'elle n'est qu'une petite fille de 6 ans, son père Cleo disparaît sur le pont de la rivière Charles, abandonnant derrière lui sa voiture mais surtout sa femme et leurs cinq filles[1]. Lui qui avait monté un business dans la construction de voiturettes de golf a été frappé de plein fouet par la crise économique de 1929 et fait faillite. Ne supportant pas cet échec, il choisit la mort plutôt que d'affronter sa ruine.

Sa femme, Phoebe Short, se retrouve alors seule à élever Elizabeth et ses quatre sœurs. La famille a déménagé en 1927 dans un petit appartement à Medford, dans la banlieue de Boston, mais le climat rude de la région cause des problèmes de santé à la jeune Elizabeth. Bientôt, un médecin lui diagnostique une bronchite chronique ainsi que de

1. Dans l'ordre, de la plus âgée à la plus jeune : Virginia, Dorothea, Elizabeth, Elenora et Muriel.

l'asthme sévère. Après une opération des poumons à l'âge de 15 ans[1], l'état de santé de l'adolescente ne s'améliore pas et l'équipe médicale suggère à Phoebe de déménager dans un État au climat plus chaud. Faute de moyens, la famille ne peut pas se le permettre et c'est seule qu'Elizabeth ira passer chaque année les six mois les plus froids chez des amis de la famille à Miami, en Floride. Dans ces conditions, il est difficile pour la jeune fille de poursuivre des études et elle abandonne le lycée durant son année de première.

Betty, comme la surnommait sa famille, revient de Floride un peu plus femme chaque année. Selon tous ceux qui l'ont connue à cette époque, c'était la plus jolie des cinq sœurs. Elle porte de belles robes, des chaussures à talons et un maquillage un peu trop voyant au goût des habitants de Medford. Elle aime qu'on la regarde. Partout où elle passe avec sa démarche de mannequin, les têtes se retournent. Mais elle reste une jeune fille gentille, sociable et discrète sur sa vie personnelle.

À la fin de l'année 1942, Phoebe Short reçoit une lettre contenant des révélations fracassantes. Ce courrier est signé de la main de Cleo, son ex-mari prétendument décédé, qui lui révèle avoir mis en scène son suicide pour quitter sa famille et le Massachusetts. Depuis, il est installé en Californie, où il a refait sa vie.

1. Elle gardera une cicatrice dans le dos à la suite de cette intervention, cicatrice qui aidera sept ans plus tard à l'identification de son corps.

Toute la famille est sous le choc. Elizabeth, qui n'a plus revu son père depuis l'âge de 6 ans, décide de partir vivre avec lui à Vallejo pour rattraper le temps perdu.

Mais bien vite cependant, leurs rapports se dégradent. Elizabeth et Cleo partagent peut-être le même sang, mais ce n'est pas suffisant pour créer du lien, et les disputes sont nombreuses. En janvier 1943, c'est déjà la fin de leur cohabitation. Beth décide de prendre un travail de caissière au *base exchange*[1] de Camp Cooke, près de Lompoc.

Livrée à elle-même, elle vivote durant cette période en squattant par-ci par-là chez des amis. Déracinée, loin de chez elle, sans diplôme, la jeune femme doit apprendre à tirer avantage de son principal atout : son physique. Elle s'installe chez un sergent de l'armée de l'air qu'elle quitte quelque temps plus tard, après qu'il l'a frappée.

Pour tenter de changer de vie, Elizabeth déménage au printemps à Santa Barbara, ville côtière de la Californie. Mais les ennuis la rattrapent. Elle est arrêtée en septembre pour consommation d'alcool dans un bar alors qu'elle vient tout juste d'avoir 19 ans. La brigade des mineurs la place en garde à vue, prend ses empreintes avant de la sommer de retourner chez sa mère à Medford. Mais dès sa sortie, Elizabeth se rend en Floride, là où elle a en partie grandi. Il y a bien longtemps qu'elle

1. Un *base exchange* est un magasin vendant des articles du quotidien au détail, mais uniquement à des militaires.

a pris goût à une indépendance à laquelle elle ne se voit pas renoncer.

Là-bas, elle fait la connaissance d'un officier de l'armée de l'air, le major Matthew Michael Gordon Jr, alors qu'il s'entraîne pour une opération en Asie en pleine Seconde Guerre mondiale. Elizabeth et Matthew entament une liaison, avant qu'il ne soit envoyé au combat en Inde, où le militaire est victime d'un crash d'avion et frôle la mort de près. Comme s'il avait reçu un électrochoc, il écrit à son amante pour lui demander de l'épouser, ce qu'elle accepte. Du moins, c'est ce que Beth raconte dans une lettre à sa mère, bien qu'il n'existe aucune preuve formelle de cette demande en mariage.

Mais le 10 août 1945, moins d'une semaine avant la capitulation du Japon et la fin de la guerre, le major Gordon perd brutalement la vie dans un second crash aérien.

Un an plus tard, c'est à nouveau à Los Angeles que la belle brune pose ses valises. On dit qu'elle serait revenue en Californie pour rejoindre le lieutenant Joseph Gordon Flickin, lui aussi militaire dans l'aviation américaine, qu'elle avait rencontré en Floride quelque temps auparavant. Beth prend un emploi de serveuse et loue une petite chambre derrière une discothèque d'Hollywood Boulevard.

À la mi-novembre 1946, Elizabeth Short s'installe dans une colocation avec cinq autres jeunes femmes non loin d'Hollywood Boulevard. Elles sont nombreuses à cette période à devoir vivre dans des conditions précaires qu'elles acceptent dans l'espoir de croquer leur part du rêve américain. Mais après seulement quelques semaines, Beth quitte précipitamment la ville. Tous ceux qui la connaissent ont le sentiment qu'elle est anxieuse, que quelque chose – ou quelqu'un – lui fait peur.

À Linda Rohr, l'une de ses colocataires, qui l'a croisée le jour de son départ précipité, Elizabeth a prétexté partir rejoindre sa sœur à Berkeley[1] et a écourté la discussion :

« Je dois me dépêcher ! Il faut que je parte ! »

Mais Beth ne prend pas la direction de Berkeley. Sans avoir de plan, elle se dirige plein sud et se rend à San Diego, près de la frontière mexicaine, un lieu parfait pour quiconque souhaite disparaître.

1. Virginia Short, récemment mariée et devenue Mme West à l'époque, qui vivait effectivement à Berkeley, affirma aux enquêteurs que sa sœur ne l'avait pas contactée à ce moment-là et qu'elle n'avait pas eu de ses nouvelles depuis bien longtemps.

8

ELIZABETH SHORT, de San Diego à Los Angeles

Le soir du 9 décembre 1946, Dorothy French s'apprête à fermer le cinéma L'Aztec, dont elle tient le guichet, quand elle remarque une jeune femme assoupie dans un fauteuil de la première rangée face à l'écran. Lorsqu'elle la réveille, cette dernière s'excuse avant de se présenter et d'expliquer sa situation : elle s'appelle Beth Short, débarque d'Hollywood en autocar, est sans le sou et ne sait pas où dormir. À la recherche d'un petit job pour survivre, elle propose à Dorothy de travailler temporairement à la caisse du cinéma.

Dorothy French promet d'en parler à son patron le lendemain, et propose à Beth de l'héberger pour la nuit dans la petite maison, près du Pacific Coast Highway, où elle vit avec son petit frère Corey et leur mère Elvera.

Beth passe la nuit sur le canapé, heureuse d'avoir un toit au-dessus de la tête. Le lendemain, Corey, en vrai gentleman, va chercher sa valise qu'elle a laissée à la station de cars Greyhound. Le bagage est si lourd que le garçon se demande si Beth l'a rempli de pierres, mais non ; à l'intérieur se trouvent simplement toutes les affaires de la jeune femme, dont ce qu'il y a de plus cher à ses yeux : ses belles robes.

Elvera French et Elizabeth se trouvent rapidement des points communs : elles sont en effet toutes les deux des veuves de guerre. Beth sort de son sac à main une coupure de journal sur le crash de son « mari », le major Matt Gordon, en Inde. Elle ment, racontant à Elvera qu'elle a eu un enfant avec le major, un petit garçon, mais qu'il est décédé lui aussi. C'est ainsi que Beth gagne la sympathie des French, qui l'accueillent dans leur famille le temps qu'elle trouve un emploi et se remette d'aplomb.

Mais, contre toute attente, et surtout à l'inverse de ce qu'elle a prétendu, Elizabeth ne semble pas pressée de retrouver du travail. Chaque soir, elle passe de longues heures devant le miroir à se maquiller, enfile une jolie robe noire et sort jusqu'à très tard rencontrer des hommes pour se faire offrir dîners et cocktails. Le lendemain, elle dort jusqu'à midi sur le canapé du salon, obligeant la famille French à se faire toute petite pour ne pas la réveiller. Prévu au départ pour une nuit ou deux, l'hébergement se prolonge. Au bout d'un mois, Elvera commence à s'impatienter.

Ce qui agace encore plus Mme French, c'est que Beth ne semble pas franchement éplorée par le deuil : elle fréquente beaucoup d'hommes, notamment un commercial roux surnommé Red.

Beth présente Red à Dorothy et à Elvera comme « une vieille connaissance » croisée par hasard en ville. Ce dernier vient lui rendre visite tous les jours entre le 16 et le 21 décembre, avant de quitter soudainement la ville. En réalité, Beth et Red viennent de se rencontrer. Il l'a abordée dans la rue et ils ont passé la soirée ensemble, puis les jours suivants.

Au début du mois de janvier 1947, Elizabeth décide brusquement de quitter San Diego. Elvera French relie ce départ à un incident remontant au 6 janvier. Ce jour-là, un homme et une femme qu'Elvera ne connaît pas sonnent à sa porte. Plus loin, un deuxième homme les attend dans une voiture. Beth, paniquée, refuse qu'Elvera leur ouvre. Le couple d'inconnus finit par repartir bredouille.

Le lendemain, Beth reçoit un télégramme de Red lui signifiant qu'il passera la chercher, et le 8 janvier en fin d'après-midi, la jeune femme charge lestement sa valise dans la voiture de son amant avant de disparaître avec lui...

Lorsque les enquêteurs découvrent tous ces détails, « Red » devient immédiatement le suspect numéro un. Sauf que, cette fois encore, les reporters de l'*Examiner* ont devancé la police et découvert l'identité de Red dans le registre d'un motel où il a logé avec Beth à la mi-décembre. Ils avaient signé de leurs vrais noms : Elizabeth Short et Robert Manley.

Robert Manley est un voyageur de commerce, marié et devenu père récemment. En 1947, il habite à Huntington Park, en bordure de Los Angeles. Le reporter Will Fowler se rend au plus vite à l'adresse de Manley, où une jeune femme lui ouvre la porte, un bébé dans les bras. Se faisant passer pour un policier, Fowler apprend que son mari est en déplacement à San Francisco avec un collègue, information qu'il note avant de la communiquer à la police.

Il ne faut pas longtemps aux enquêteurs pour retrouver la trace du suspect. Lorsque Robert Manley est interpellé en pleine rue, il lève immédiatement les mains en l'air et déclare :

Je sais pourquoi vous êtes là... Mais je n'ai rien fait.

Robert Manley subit un long interrogatoire et deux tests de polygraphe (détecteur de mensonges). S'il admet qu'il connaît Elizabeth Short et qu'il l'a conduite de San Diego à Los Angeles le 9 janvier, puis déposée à un hôtel, il assure que c'est la dernière fois qu'il l'a vue et, surtout, il affirme qu'il ne l'a pas tuée. Par deux fois, le polygraphe confirme ses dires.

Sous la pression des questions, Manley explique son étrange liaison avec Beth. Ils se sont rencontrés mi-décembre 1946, comme l'a indiqué Elvera French, puis ont passé quatre jours ensemble à San Diego. Le 16 décembre, elle l'a accompagné à son motel où il admet l'avoir embrassée mais nie que la relation soit allée plus loin entre eux, probablement dans une tentative désespérée de sauver son mariage. Afin d'éviter d'expliquer ce qu'ils ont réellement fait de la totalité de leur soirée, il s'embourbe dans une version alambiquée selon laquelle Elizabeth et lui se seraient perdus sur la route en allant au bar. Les policiers échangent des regards entendus. Robert Manley ne s'attendait probablement pas à ce que cette relation extraconjugale, qu'il pensait n'être qu'un petit « dérapage », devienne l'une des liaisons les plus célèbres de l'histoire des États-Unis...

Le 21 décembre, Manley rentre chez lui pour passer les fêtes auprès de sa famille.

Le 7 janvier, il envoie un message à Elizabeth pour lui faire savoir qu'il revient à San Diego le lendemain et qu'ils pourraient se voir à cette occasion. C'est à ce moment qu'elle lui aurait demandé de la ramener à Los Angeles. Ensemble, ils prennent la route le 8 au soir, dorment dans un motel et arrivent le lendemain à Los Angeles, où Elizabeth Short demande à Manley de faire un détour par la station de cars Greyhound pour y déposer sa valise, avant qu'il ne la laisse à l'hôtel Biltmore où elle doit retrouver sa sœur, Virginia (dite Ginnie) West.

Lorsqu'ils pénètrent dans le hall de l'hôtel vers 18 h 30, Elizabeth se rend directement aux toilettes et demande à Robert Manley de vérifier à l'accueil si Ginnie est arrivée, ce qui n'était pas encore le cas. Après quoi, Red salue rapidement sa maîtresse et s'empresse de quitter la ville, sans doute inquiet d'avoir à justifier une trop longue absence auprès de sa femme. En réalité, Ginnie n'a absolument pas rendez-vous avec sa sœur ce jour-là, comme le découvriront les enquêteurs par la suite.

Pendant les heures qui suivent, Elizabeth Short reste seule dans le hall de l'hôtel à attendre. Plusieurs employés confirment l'y avoir vue passer des coups de fil ; elle a aussi été aperçue dans les toilettes des femmes, occupée à remettre de la cire sur ses dents. Vers 10 heures du soir, elle part finalement à pied de l'hôtel en empruntant Olive Street.

C'est là qu'Elizabeth Short a été vue – avec certitude – pour la dernière fois. Le reste n'est que rumeur, fantasme et légende... notamment son passage au Cecil Hotel.

Si le lieu n'est pas réputé pour servir des cocktails prestigieux, il propose des chambres pour quelques dollars. L'établissement n'est qu'à un petit kilomètre du Biltmore Hotel, une distance qu'aurait facilement pu parcourir Elizabeth Short puisqu'elle n'avait pas sa valise à porter. Mais il n'existe pas de preuve concrète ni de témoin qui puissent attester qu'Elizabeth Short s'est rendue au Cecil le jour de sa disparition, le 9 janvier 1947. Comme un nombre incalculable d'erreurs ou d'approximations ont néanmoins été diffusées par les médias sur ce crime de 1947 jusqu'à aujourd'hui, il est assez aisé de comprendre pourquoi certains cherchent un lien entre l'une des affaires criminelles les plus célèbres de Los Angeles et l'hôtel maudit qui déjà, avant l'assassinat d'Elizabeth Short, était le théâtre de nombreuses morts suspectes.

Cette légende urbaine semble être apparue pour la première fois dans un article de Steve Harvey publié dans le *Los Angeles Times* le 20 mai 1995. Le journaliste y cite Ken Schlesser, auteur du livre *This is Hollywood* :

Le 11 janvier 1947, trois jours avant qu'elle soit assassinée, le Dahlia noir a été aperçue au bar du

Cecil Hotel avec une amie et deux marins. En fait, l'hôtel et les bars qui sont dans le même bloc, dont le Dugout juste à côté, faisaient partie des lieux de sortie de prédilection d'Elizabeth Short durant la semaine précédant son meurtre.

En 2015, la journaliste Hadley Meares reprend cette allégation pour un article[1] sur l'hôtel dans lequel elle écrit :

En 1947, Elizabeth Short, surnommée le Dahlia noir, aurait été vue au bar du Cecil peu de temps avant d'être assassinée.

Depuis, elle continue de répandre cette rumeur, comme elle l'a fait en 2017 dans un reportage diffusé à la télévision américaine, *Les Horreurs au Cecil Hotel*, ou encore dans son propre podcast. Ainsi, les histoires du Dahlia et du Cecil se sont fortement entremêlées dans l'inconscient collectif, au point qu'il est désormais impossible de retracer l'histoire de l'hôtel sans faire mention de cette affaire. Si rien dans les dossiers de la LAPD n'indique qu'Elizabeth Short ait été vue dans les bars de Skid Row après avoir quitté le Biltmore le 9 janvier 1947, nombreux seront ceux qui argumenteront qu'absence de preuve ne signifie pas forcément qu'une chose ne soit jamais arrivée.

Quant à Robert Manley, il est finalement relâché après les interrogatoires. S'il a probablement menti

1. *« The Suicide » : The Hotel Cecil and the Mean Streets of L.A.'s Notorious Skid Row*, 29 septembre 2015, sur le site de la station de télévision californienne KCET.

sur la teneur exacte de sa relation avec Elizabeth, il semble tout de même peu probable qu'il l'ait tuée. Red a un alibi valable au moment du meurtre, et il a toujours nié être impliqué dans la mort tragique de la jeune femme :

> *Je prendrai du sérum de vérité, ou tout ce qu'ils voudront me donner. Et je le jure sur une pile de bibles, et je le dirai aussi à mon pasteur... C'est la dernière fois que j'ai vu Elizabeth Short. Je ne l'ai pas tuée !*

Bien qu'il ait été blanchi par les enquêteurs, cette affaire a poursuivi Robert Manley toute sa vie. Les suspicions de l'opinion publique ont continué de peser sur ses épaules et sa santé mentale s'est dégradée. En 1954, sa femme l'a fait interner à l'hôpital Patton State à San Bernardino[1], qui lui a fait suivre un traitement avant de le transférer à l'hôpital de Brentwood, où on lui a injecté un sérum de vérité afin de l'interroger de nouveau à propos du meurtre d'Elizabeth Short. Mais encore une fois, il a nié les faits et a été innocenté, ce qui n'a rien changé à sa réputation.

Le 16 janvier 1986, trente-neuf ans et un jour après la découverte du corps du Dahlia noir, il meurt des suites d'une chute à l'âge de 64 ans.

---

1. Robert Manley avait déjà eu des antécédents de troubles psychiatriques. Plus jeune, il avait été réformé de l'armée ; il avait fait plusieurs épisodes de dépression nerveuse au cours desquels il entendait des voix.

9

ELIZABETH SHORT, la course aux scoops

Les crimes ont toujours fait vendre, et à cette époque ils ne manquent pas à Los Angeles. Le jour de la découverte du corps d'Elizabeth, l'*Examiner* rapportait deux meurtres, treize vols et quarante-sept cambriolages.

Au lendemain de la révélation de cet assassinat, le journal bat son record de ventes depuis l'édition annonçant la fin de la guerre. Par la suite, on publie des articles écrits à la va-vite, colportant au mieux des approximations, au pire des mensonges sur les mœurs d'Elizabeth Short, la faisant passer pour une prostituée désireuse de devenir une star du cinéma.

D'une jeune femme fauchée, aux dents si pourries qu'elle devait les recouvrir de cire pour se fabriquer un sourire convenable, la presse a créé le mythe du Dahlia noir : une femme fatale, croqueuse d'hommes et pleine d'ambition venue pour conquérir Hollywood et qui n'acquit la célébrité dont elle rêvait qu'après sa mort.

En réalité, si Elizabeth a parfois évoqué son envie de devenir actrice auprès de ses amis et de sa famille, il n'existe aucune trace d'un éventuel passage devant les caméras. Quant aux rumeurs selon lesquelles elle arrondissait ses fins de mois en faisant des passes, il s'agit de calomnies inspirées par le style de vie instable d'une jeune femme de 22 ans qui pouvait choquer l'Amérique conservatrice d'après guerre...

À plusieurs reprises, les journalistes de l'*Examiner* sont parvenus à obtenir des informations avant les enquêteurs, notamment au sujet des lieux où Elizabeth Short s'était rendue avant d'être assassinée. En interrogeant Dorothy et Elvera French, ils ont par exemple découvert qu'elle avait perdu un bagage en 1946, alors qu'elle faisait des allers-retours entre la Floride et la Californie. Le journaliste Richardson retrouva la valise perdue, puis utilisa cette information pour faire du chantage à Jack Donahoe, le chef de la division consacrée aux homicides du LAPD : il ne lui révélerait où celle-ci se trouvait qu'à la condition d'être présent lors de son ouverture. À contrecœur, les enquêteurs furent obligés d'accepter le deal...

À l'intérieur de la valise, on découvrit des vêtements, des photos, ainsi que des lettres rédigées par Elizabeth à l'attention d'ex-petits amis, qu'elle n'a jamais envoyées. Même si ce contenu ne permit pas de faire avancer directement l'enquête, il donnait des informations supplémentaires sur le profil d'Elizabeth Short, notamment sur son mode de vie. Il semble probable que la jeune femme usait de sa beauté pour charmer des inconnus et se faire offrir des verres, des repas, peut-être même des robes.

Le FBI, lui aussi impliqué dans l'enquête, reprochera par la suite à la presse son interventionnisme intempestif :

Durant l'entièreté de l'investigation, les reporters ont parlé à des témoins et ont rendu publics des faits qui pouvaient entraver l'enquête du département local. Les reporters sont dans les bureaux et il n'est pas possible pour les agents d'avoir des conversations téléphoniques confidentielles, ni même d'ouvrir un courrier sans qu'un journaliste ne soit là à regarder.

Le 21 janvier 1947, un homme se présentant comme le meurtrier d'Elizabeth Short passe un coup de fil à James Richardson, de l'*Examiner*. Il le félicite pour les articles publiés jusqu'ici sur l'enquête et lui conseille d'attendre « des souvenirs de Beth Short par courrier ».

Trois jours plus tard, un étrange pli arrive effectivement dans les bureaux du journal. L'adresse sur l'enveloppe est composée de lettres découpées dans une publicité pour des films. À l'intérieur se trouve le certificat de naissance d'Elizabeth Short, sa carte de Sécurité sociale, des coupures de presse, ainsi qu'un vieux carnet d'adresses ayant appartenu à la victime, contenant les noms de 75 hommes. Un morceau d'affiche du film *Stairway to Heaven* a été découpé et glissé dans l'enveloppe, on peut y lire la phrase « *Heaven is here* » (« Le paradis est ici »). Les enquêteurs interrogent chacun des hommes qui figurent dans le carnet, mais la plupart d'entre eux n'ont connu Beth que brièvement, et ce des années avant le crime. Généralement, elle les croisait dans la rue ou à un arrêt de bus, elle les accostait ou se faisait accoster, et ils allaient dîner ou sortaient prendre un verre. Elizabeth Short leur demandait parfois de l'argent, prétextant avoir des difficultés financières, mais leur relation s'arrêtait là. Apparemment il n'y avait pas de relation romantique, parfois juste du sexe, et ils ne se revoyaient plus.

Malgré ces nouveaux éléments, aucune piste sérieuse ne put être établie. On tente aussi de prélever des empreintes digitales sur l'enveloppe, mais celle-ci a été badigeonnée d'essence, ce qui rend son analyse impossible. Dans les semaines qui suivent, d'autres courriers sont adressés à la police par le soi-disant tueur, mais aucun n'a pu être authentifié.

Le 25 janvier 1947, une personne contacte la police à propos d'une paire de chaussures et d'un sac à main étrangement disposés sur le couvercle d'une poubelle à l'arrière d'un restaurant au niveau du 1100e bloc de Crenshaw Boulevard. Le temps que les enquêteurs arrivent sur place, les éboueurs ont déjà ramassé les déchets et tout a disparu. Heureusement, la police parvient à remonter jusqu'à la benne et à récupérer plusieurs paires de chaussures de femme, ainsi que plusieurs sacs à main.

On demande à Robert « Red » Manley s'il peut identifier les effets d'Elizabeth Short. Il reconnaît tout de suite une paire de chaussures, pour lesquelles il avait payé une réparation à Beth, ainsi que son sac à main, encore imprégné de l'odeur de son parfum.

Mais encore une fois, malgré cette découverte importante, les enquêteurs n'ont jamais pu déterminer qui avait déposé ces affaires à cet endroit, les chaussures et le sac ayant été passés à l'essence, tout comme les courriers, pour altérer les empreintes digitales. Au grand dam de la police, chaque piste aboutit inévitablement à un cul-de-sac.

En 1947, l'enquêteur de police Ralph Asdel recueille le témoignage intéressant d'un habitant de Leimert Park qui a aperçu, dans la nuit du 14 au 15 janvier, un homme d'une quarantaine d'années, chapeau enfoncé sur la tête, accroupi à côté de sa voiture – une Sedan de couleur claire – à proximité de l'endroit où le corps a été retrouvé. L'homme était baissé près des roues de l'automobile et, lorsqu'il a vu que le voisin l'observait, il est remonté dans le véhicule avant de partir en trombe.

Asdel recherche l'homme au chapeau et il pense l'avoir identifié comme l'employé d'un restaurant à quelques blocs de la scène du crime. Lorsqu'il se présente au suspect pour lui poser quelques questions, il remarque même que sa voiture a fraîchement été repeinte en noir. L'enquêteur a fait part de cet élément à ses supérieurs, mais la piste n'a jamais été exploitée...

10

ELIZABETH SHORT,
la valse des suspects

Aussi étrange que cela puisse paraître, de nombreuses personnes (en tout, près de 60) ont contacté les enquêteurs pour se dénoncer. Des dizaines d'hommes, et parfois même des femmes, ont prétendu avoir assassiné Elizabeth Short. Une femme de militaire a confessé : « *Elizabeth Short m'a volé mon mari, alors je l'ai tuée et l'ai découpée.* » ; un autre a avoué le crime, mais a été incapable de reconnaître Elizabeth parmi plusieurs photos de femmes...

Le phénomène de telles fausses accusations spontanées est difficile à comprendre. Pourquoi des innocents contactent-ils la police pour endosser un crime qu'ils n'ont pas commis ? Dans certains cas, cela s'explique par une recherche de célébrité, mais il arrive aussi que ces personnes se soient persuadées d'avoir réellement commis le meurtre... comme une autopunition pour des faits dont elles se sentent coupables et pour lesquels elles estiment devoir être châtiées.

Depuis 1947, un inspecteur du LAPD reste officiellement toujours en charge de l'enquête. Près d'une dizaine d'hommes se sont succédé à ce poste. L'un des premiers d'entre eux, Harry Hansen, ne portait pas réellement Elizabeth Short dans son cœur. Après vingt ans passés à diriger l'affaire, voici comment il la décrivait lorsqu'il a pris sa retraite :

> « *C'était une clocharde, folle des hommes, mais ce n'était pas une prostituée. Il y a eu beaucoup d'hommes en tous genres dans sa vie, mais nous n'en avons trouvé que trois avec lesquels elle a eu des relations sexuelles. C'était une allumeuse, et elle en a fait baver, des gars. Elle cherchait les ennuis. Il n'y avait pas grand-chose à apprécier chez elle... Elle est probablement allée trop loin cette fois-là, et elle a dû mettre un type dans une rage aveugle et folle.* »

L'une des caractéristiques de l'affaire du Dahlia noir, outre le fait qu'il s'agisse d'un *cold case* de plus de soixante-dix ans, c'est le nombre de suspects et de pistes – des plus sérieuses aux plus fantaisistes – qui ont été évoqués au cours des décennies.

Pour tenter de trouver le coupable de cet assassinat ultramédiatisé mais invisible, la police n'a négligé aucun détail et a avancé méthodiquement, de façon à « fermer des portes », comme on dit dans le jargon, c'est-à-dire en procédant par élimination. Depuis 1947, des dizaines voire des centaines d'individus ont été suspectés et entendus par les enquêteurs.

Bien que les suspects soient en grande majorité des hommes, certains ont envisagé le fait que l'assassin d'Elizabeth puisse être une femme jalouse ou vengeresse. Ces hypothèses reposent principalement sur une question restée sans réponse depuis 1947 : puisque Beth avait déposé sa valise à la station d'autocars à son arrivée à LA le 9 janvier, avec quels vêtements s'est-elle habillée pendant une semaine ? Pour certains enquêteurs amateurs, c'est la preuve que le Dahlia noir aurait rejoint une autre femme, qui lui aurait prêté des vêtements et des affaires de toilette durant la semaine qui s'est écoulée entre son retour à Los Angeles et sa mort. Des rumeurs ont même circulé sur l'homosexualité ou la bisexualité de la jeune femme, au point que les détectives ont creusé la piste d'une « Queer Woman Surgeon » (une « femme chirurgienne *queer* »). Cependant, ces suppositions ne reposent sur aucun fait concret. Il est peu probable qu'Elizabeth Short ait été lesbienne. Elle n'a toujours montré de l'attirance que pour les hommes et avait déjà fait part à des amis de sa désapprobation de l'homosexualité.

Certaines célébrités, ou du moins personnalités publiques, se sont elles aussi vues suspectées d'être reliées au meurtre. C'est le cas du réalisateur Orson Welles, qui avait lacéré des mannequins de femme pour la préparation de son film *La Dame de Shanghai* au moment des faits et qui est parti s'exiler dix mois en Europe juste après le meurtre (cette piste n'a jamais été prise au sérieux par la police) ;

ou encore de Bugsy Siegel, un voyou de la mafia américaine aux innombrables relations.

Mais l'hypothèse la plus intrigante, bien qu'elle ne s'appuie sur aucun fait concret, est celle d'un lien entre le mouvement surréaliste et le crime. Le mouvement surréaliste n'a bien entendu jamais fait l'apologie de la torture ou du meurtre, mais certaines peintures ou photographies exprimaient une forme de violence physique ou sexuelle. Au début des années 1920, le mouvement souhaitait briser les codes de la société d'après guerre en permettant l'expression de pulsions qui ne seraient pas bridées par des diktats moraux ou esthétiques. Ainsi, les artistes majeurs de l'époque étant principalement des hommes, les corps féminins furent mis à rude épreuve, tantôt montrés comme des objets de fantasme inertes, tantôt malmenés, torturés, découpés. C'est Man Ray qui a produit le plus d'œuvres troublantes, semblant anticiper les photographies d'Elizabeth Short sur la scène du crime : sa peau blanche contrastant avec le sol du terrain vague, la position de ses bras et de ses jambes, sa chevelure noire[1]...

Le tueur se serait-il inspiré de ces œuvres d'art ? Aurait-il voulu recréer une œuvre macabre dans la

1. Voir les œuvres de Man Ray : *Autoportrait au nu mort* (1930) ; *Le Minotaure* (1934), torse nu de femme, bras et coudes relevés vers la tête ; *Les Amants* (1936), corps de femme nu allongé, sans tête, sous une grande bouche rouge étirée dans le ciel ; *La Jumelle* (1939), corps de femme nu sectionné en deux à la taille par une lame ; *L'Équivoque* (1943), corps de femme nu, dont le visage est lacéré en quadrillage, de la même façon que l'était le pubis d'Elizabeth Short.

réalité ? On se souvient que le corps a été disposé en évidence, et non caché. L'assassin voulait que le cadavre soit retrouvé, vu, photographié, exposé...

Cette théorie n'est peut-être pas aussi folle qu'elle en a l'air, puisqu'elle est en lien avec l'un des principaux suspects de l'affaire, George Hodel. De plus, aussi incroyable que cela puisse paraître, certains tueurs se sont déjà inspirés d'œuvres pour commettre leurs crimes. C'est le cas de Luka Rocco Magnotta, qui s'est inspiré du film *Basic Instinct*, recréant la scène dans laquelle Sharon Stone tue au pic à glace son partenaire sexuel ; ou encore de Mark Twitchell, un fan de la série *Dexter*, qui a démembré un homme pour faire comme son héros meurtrier.

Que le meurtre d'Elizabeth Short ait été ou non inspiré d'œuvres d'art, il a par ailleurs été aussi attribué à des tueurs en série de l'époque, et notamment deux *serial killers*, encore non identifiés aujourd'hui, qui ont ainsi particulièrement attiré l'attention des enquêteurs.

Le boucher de Cleveland

Durant les années 1930, un mystérieux tueur en série, surnommé le Boucher de Cleveland, a fait une douzaine de victimes dans la principale ville de l'Ohio. Si certains individus ont été suspectés, le tueur en série de Cleveland n'a jamais été formellement identifié.

C'est son mode opératoire singulier qui lui a valu d'être soupçonné par des enquêteurs de l'affaire du Dahlia noir. En effet, ses victimes, hommes et femmes adultes, étaient généralement retrouvées décapitées et démembrées, parfois sectionnées en deux au niveau de la taille. Dans certains cas, leur peau avait été lavée et traitée avec des agents chimiques. Les corps étaient généralement dissimulés à la hâte mais certains ont été disposés en évidence pour être vus et retrouvés. Et les soupçons se sont encore intensifiés quand le tueur en série a adressé un courrier à la police, dans lequel il indiquait avoir déménagé en Californie.

Cependant la décapitation, qui semble être un élément important de la signature du Boucher de Cleveland, ne s'applique pas au meurtre du Dahlia noir. L'autopsie l'a bien démontré, la jeune femme a visiblement été torturée puis mutilée pendant des heures avant que son corps ne soit disposé avec soin et sans hâte à Leimert Park. Difficile de croire que la tête n'a pas été retirée par manque de temps. Or, si le mode opératoire d'un tueur en série peut varier d'un crime à un autre selon l'humeur ou le désir du tueur, la signature reste généralement la même.

Le tueur au rouge à lèvres

Un peu moins d'un mois après celui d'Elizabeth Short, un autre corps de femme mutilé est retrouvé à Los Angeles.

Le matin du 10 février 1947, un chef de chantier se rend à son travail quand il aperçoit une pile de vêtements féminins près de Grand View Boulevard. En s'approchant, il découvre le corps nu d'une femme brune, étendue sur le dos, dans un champ sur un terrain vague aux abords d'une route. Les policiers appelés sur la scène de crime notent que le corps est couvert d'ecchymoses, de sang et de boue, et le visage complètement tuméfié. Les coups ont été si violents qu'elle est décédée d'une hémorragie interne. Sa nuque est brisée. Sur le buste un étrange message a été inscrit au rouge à lèvres : *Fuck You B.D.*, et en dessous les lettres TEX.

La victime est rapidement identifiée : il s'agit de Jeanne French, une femme de 44 ans. La nouvelle agite les médias ; l'*Herald Express* édite un supplément le jour même en titrant :

LE LOUP-GAROU FRAPPE À NOUVEAU !
UNE FEMME DE LOS ANGELES TUÉE,
"B.D." INSCRIT SUR LE CORPS

Ces quelques éléments suffisent pour que les journaux fassent le lien avec le meurtre d'Elizabeth Short. La proximité des dates, les corps de ces deux femmes battues à mort abandonnés près d'un chemin et les lettres « B.D. » qui semblent s'adresser au Dahlia noir – *Black Dahlia*...

Bien qu'on ait retrouvé des empreintes de pas partout autour et sur le corps de la victime, l'assassin n'a jamais été identifié.

Un mois après, le 12 mars, on découvre le corps d'Evelyn Winters, une alcoolique notoire, sur les berges du fleuve Los Angeles, une robe de chambre et un câble électrique enroulés autour du cou. Deux jours plus tard, les enquêteurs du LAPD publient un document intitulé « 11 points de similarité » dans lequel ils estiment que les trois meurtres ont été commis par le même assassin.

Si plusieurs suspects ont été évoqués, les autorités n'ont jamais mis qui que ce soit en examen pour ces affaires, et nul ne peut affirmer avec certitude que ces trois femmes, Elizabeth Short, Jeanne French et Evelyn Winters, ont été assassinées par la même personne. Alors que l'énigme du Dahlia noir est devenue l'une des affaires criminelles les plus connues et étudiées au monde, bien d'autres victimes sont tombées dans l'oubli impitoyable de la machine monstrueuse qu'est Los Angeles.

Leslie Dillon

Leslie Dillon était un jeune homme de 27 ans vivant en Floride. Groom d'hôtel se rêvant écrivain, il avait autrefois travaillé comme assistant dans les pompes funèbres à L.A. En 1948, consécutivement à la lecture d'un article sur le Dahlia noir dans un magazine du type *Le Nouveau Détective*, il décide d'écrire au psychiatre Joseph Paul de River, spécialiste travaillant avec la police de Los Angeles cité dans l'article. Dans ses différents courriers, Dillon exprime des fantasmes sexuels violents et fait référence à un de ses amis, un dénommé Jeff Connors, qui serait impliqué dans le meurtre d'Elizabeth Short.

L'obsession de Dillon alerte le docteur de River, qui se demande si Connors n'est pas qu'une invention du jeune homme pour masquer le fait qu'il aurait commis le meurtre lui-même. Après plusieurs mois de correspondance, il parvient à convaincre Dillon de le rencontrer à Las Vegas, où il se rend accompagné de policiers sous couverture.

Là-bas, Leslie Dillon et J. Paul de River évoquent le Dahlia noir, et le jeune homme tient des propos assez dérangeants, encouragé par le psychiatre qui tente d'obtenir des aveux. Lorsqu'il lui demande ce que le tueur a pu faire des poils pubiens rasés de la victime, ou du morceau de peau prélevé sur la cuisse, Dillon répond qu'il a dû les jeter aux toilettes. Puis, quand le psychiatre insiste et lui demande pourquoi, à son avis, le meurtrier a coupé la jeune femme en deux, le suspect lance de manière tout aussi nonchalante que provocante que c'était peut-être pour voir jusqu'où irait son pénis quand il la violerait...

Après plusieurs jours, le docteur de River et Dillon se rendent ensemble à San Francisco à la recherche du fameux Jeff Connors. Évidemment, ils ne le trouvent pas. C'est alors que les policiers interpellent le jeune homme et le transfèrent jusqu'à Los Angeles, où ils le cuisinent pendant des heures, en vain. De cet interrogatoire, rien de probant ne sort.

En parallèle, on découvre pourtant que Jeff Connors existe réellement. Il s'appelle Artie Lane et, vérification faite, il se trouvait à San Francisco au moment du meurtre d'Elizabeth Short.

Leslie Dillon reste aujourd'hui encore un suspect très fréquemment cité dans l'affaire du Dahlia noir, même s'il existe peu d'éléments le reliant directement à la victime. De toute évidence, il était mû – comme beaucoup d'autres – par une curiosité macabre, renforcée par ses propres déviances sexuelles, mais ne donne pas l'impression d'avoir eu les capacités de commettre un crime aussi « minutieux ».

George Knowlton

Dans les années 1990, un autre récit émerge et vient apporter un nouvel éclairage à l'affaire. Janice Knowlton, propriétaire d'une agence de relations publiques, clame haut et fort que son père, George, est l'assassin du Dahlia noir. En 1995, elle publie *Papa était le tueur du Dahlia noir* (*Daddy Was The Black Dahlia Killer*), un livre dans lequel elle explique avoir retrouvé sa mémoire d'enfant après une thérapie visant à soigner une dépression. Selon elle, Elizabeth Short et son père avaient une liaison au moment du drame et Beth aurait été hébergée dans le garage de la famille après une fausse couche. C'est alors que George Knowlton l'aurait assassinée et qu'il aurait forcé sa fille Janice, alors âgée de 10 ans, à l'accompagner pour l'aider à se débarrasser du corps.

Des amis de la famille ont confirmé que George pouvait être violent par moments et qu'il s'était déjà vanté d'avoir commis des homicides pour lesquels il n'a pas été inquiété.

Dans les années qui suivent, Janice Knowlton se montre extrêmement prolifique, en particulier sur les forums en ligne où elle échange passionnément avec des internautes. Elle adhère petit à petit à plusieurs théories du complot impliquant à la fois des célébrités et des chefs de la police de Los Angeles, non seulement au sujet de la mort d'Elizabeth Short mais également d'un supposé réseau pédophile et satanique. Elle affirme aussi que son père était l'un des principaux suspects des enquêteurs dans l'affaire, ce qui est contredit par les dossiers du LAPD et du FBI de l'époque, qui ne mentionnent pas le nom de George Knowlton. En réalité, on ne sait pas grand-chose sur George Knowlton, sinon qu'il vivait effectivement dans la région de Los Angeles lors du meurtre d'Elizabeth Short et qu'il a lui-même trouvé la mort dans un accident de voiture en 1962.

Quant à Janice Knowlton, elle est décédée en mars 2004 d'une overdose de médicaments.

Mark Hansen

Propriétaire d'une discothèque à Hollywood, Hansen a côtoyé Elizabeth Short à plusieurs reprises entre le printemps et l'automne 1946, lorsque cette dernière vivait dans un appartement en colocation avec la petite amie d'Hansen.

La police a également découvert que Beth avait appelé Mark Hansen le 8 janvier 1947 depuis San Diego, faisant de lui l'une des dernières personnes à lui avoir parlé avant sa disparition. Que se sont-ils dit au téléphone ? Il est difficile de le savoir avec certitude, car l'homme a changé plusieurs fois de version face aux enquêteurs lors de son audition. Ce qui est plus ou moins sûr en tout cas, c'est qu'Hansen avait tenté de séduire Elizabeth Short lorsqu'ils s'étaient rencontrés, mais qu'elle l'avait repoussé.

Pour toutes ces raisons, Mark Hansen fut considéré, dès le début de l'enquête, comme l'un des principaux suspects, et l'est resté au moins jusqu'en 1951. La police a mis au jour des liens avec trois médecins (les docteurs Patrick O'Reilly, M. Schwartz et Arthur McGinnis Faught) qui, eux aussi, ont été des suspects dans cette affaire.

Décédé de cause naturelle en 1964, Hansen n'a jamais été inculpé, ni pour l'assassinat du Dahlia noir ni pour aucun autre crime. Son casier judiciaire était vierge et on ne lui connaît aucun antécédent de violence. Plusieurs journalistes ou écrivains ont parfois sous-entendu qu'il était en lien avec la mafia et le crime organisé de Los Angeles, ou qu'il aurait soudoyé la police locale en lui offrant de magnifiques voitures Ford Lincoln, mais ces théories ne reposent sur aucun élément concret.

Cependant, avec un mobile (la vengeance sexuelle) et un appel téléphonique le plaçant dans les derniers contacts d'Elizabeth Short, la piste de Mark Hansen reste tout de même intéressante.

Patrick S. O'Reilly

Le jour, O'Reilly était médecin à Los Angeles tandis que la nuit, il se transformait en clubber avide de rencontres et de sexe. Ami du propriétaire de discothèque Mark Hansen, avec lequel il participait régulièrement à des orgies près de Malibu, on trouve son nom dans les dossiers de l'enquête et son portrait est peu flatteur.

Connu des services de police pour crime violent à caractère sexuel, O'Reilly a été arrêté et condamné par le passé pour avoir enlevé et séquestré sa secrétaire dans un motel, avant de la battre presque à mort pour satisfaire ses pulsions sadiques. En 1941, quelques années avant la mort d'Elizabeth Short, son nom a été lié au décès d'une jeune mannequin lors d'un avortement pratiqué par un confrère chiropracteur. Plutôt que de signaler l'incident aux autorités, O'Reilly avait préféré signer l'acte de décès et passer l'erreur médicale sous silence. Dans ces années-là, il n'était pas bon pour une femme de croiser le chemin d'un tel « professionnel »...

À l'époque du meurtre d'Elizabeth Short, les enquêteurs ont également noté que Patrick O'Reilly avait subi une ablation du pectoral droit, une opération qui laisse des traces similaires aux mutilations retrouvées sur le corps de la jeune femme.

Bien que le médecin n'ait jamais pu être directement relié au Dahlia noir, ces éléments ont fait de lui un suspect, d'autant qu'il fréquentait Mark Hansen. À eux deux, ils cumulent mobile, proximité avec la victime, dangerosité et savoir-faire médical. Mais, comme son ami, Patrick O'Reilly n'a jamais été inculpé dans cette affaire. Le fait qu'il ait été marié à la fille du capitaine de la police de Los Angeles a-t-il pu jouer un rôle et lui permettre de passer entre les mailles du filet ?

George Hodel

George Hill Hodel Jr était un homme hors du commun. Bien plus intelligent que la moyenne, il a eu un parcours scolaire admirable jusqu'au lycée, d'où il est sorti diplômé à l'âge de 15 ans. C'était aussi un grand musicien, qui jouait du piano avec une telle virtuosité que des compositeurs renommés traversaient les frontières pour venir l'écouter, alors qu'il n'était qu'un adolescent.

Mais tout bascule après une année passée à l'université Caltech de Pasadena. George Hodel, alors âgé de 16 ans, couche avec une de ses professeures, mariée, qui tombe enceinte. Alors qu'il souhaitait élever l'enfant à ses côtés, elle refuse et le scandale éclate. George doit quitter l'établissement.

Il poursuit malgré tout de brillantes études de médecine. Entre-temps, il a vécu avec une femme dont il a eu un fils, Duncan, puis a épousé une mannequin, Dorothy Anthony, qui lui a donné une fille nommée Tamar.

Au début des années 1940, George Hodel, devenu médecin, vit à Los Angeles et évolue dans la haute société. Il côtoie des stars (notamment des artistes du mouvement surréaliste) et des hommes du show-business avec qui il partage un intérêt pour la fête, l'alcool, les conquêtes sexuelles et le sadomasochisme. Hodel est particulièrement proche du photographe Man Ray, mais aussi du réalisateur John Huston.

Il épouse d'ailleurs l'ex-femme de Huston, Dorothy Harvey (qu'il surnomme Dorero pour éviter la confusion avec sa propre ex-femme), avec qui il aura trois enfants. Toutes les épouses du médecin vivent sous le même toit, ainsi que leurs enfants.

En 1945, Ruth Spaulding, la secrétaire de George Hodel, décède d'une overdose médicamenteuse. La police suspecte rapidement Hodel de l'avoir assassinée. En effet, Ruth était au courant des magouilles du médecin : il faisait payer à ses patients des actes médicaux qu'il n'effectuait pas, et s'arrangeait pour connaître les secrets d'hommes influents en échange d'avortements illégaux. Par ailleurs, George Hodel était présent quand sa secrétaire a fait cette overdose, et il a pris le temps de brûler certains documents avant de contacter les secours.

Les poursuites à son encontre sont pourtant abandonnées, faute de preuves, mais des dossiers révélés plus tard indiquent que la secrétaire s'apprêtait à faire éclater au grand jour les pratiques douteuses de son patron.

En octobre 1949, la fille d'Hodel, Tamar, alors âgée de 14 ans, l'accusa de viol et d'inceste, ainsi que de l'avoir mise enceinte et de lui avoir fait subir un avortement clandestin. Bien que trois personnes aient témoigné en faveur de la jeune fille, assurant avoir vu George Hodel abuser d'elle, ce dernier est acquitté en décembre 1949 et Tamar passe pour une menteuse en quête d'attention... Un psychiatre aurait même dit à Dorothy Anthony, la mère de Tamar, que sa fille était une mythomane pathologique, accro aux « histoires fantaisistes ».

Le procès de George Hodel le place dans le viseur des enquêteurs travaillant sur l'affaire du Dahlia noir. Considéré comme un prédateur sexuel, vivant dans la zone où le corps a été découvert, ils décident de le mettre sur écoute en cachant des mouchards dans sa maison. Les enregistrements permettent d'entendre le médecin faire référence à des avortements illégaux, des pots-de-vin versés à la police ainsi qu'à sa potentielle implication dans les décès de Ruth Spaulding et d'Elizabeth Short.

« *Supposons que j'ai tué le Dahlia noir. Ils ne peuvent plus le prouver maintenant. Ils ne peuvent plus parler à ma secrétaire, puisqu'elle est morte. Ils pensaient qu'il y avait quelque chose de louche. De toute manière, maintenant ils s'en sont peut-être rendu compte. L'a tuée* (sic). *Peut-être que j'ai tué ma secrétaire.* » (Extrait d'un enregistrement des enquêteurs, le 18 février 1950.)

Pour les autorités, George Hodel devient alors l'un des suspects principaux du meurtre d'Elizabeth Short, bien que cette information soit restée confidentielle grâce à ses relations et qu'elle n'ait été rendue publique que plusieurs décennies plus tard. Il est également interrogé dans le cadre de l'enquête sur le meurtre de Louise Springer en juin 1949, mais là encore, il n'y aura pas de suites... En février 1951, il est écarté de la liste des suspects dans l'affaire du Dahlia noir faute d'éléments le reliant davantage à la victime, et ce bien que plusieurs témoins aient déclaré qu'Hodel fréquentait parfois le Biltmore Hotel et que la nuit du crime, il n'était pas à son domicile.

En 2003, quatre ans après le décès d'Hodel, son fils Steve publie un livre, *Black Dahlia Avenger*, dans lequel il confirme que son père était bien le meurtrier d'Elizabeth Short, affirmation fondée sur des photos qu'il a retrouvées dans les affaires du médecin, dont deux en particulier sur lesquelles figure une inconnue qu'il pense être Elizabeth Short.

Steve Hodel, qui a lui-même été inspecteur à la section des homicides du LAPD pendant de longues années, a mené sa propre enquête, rouvert les dossiers, s'est procuré des archives afin de collecter le plus d'informations possibles permettant de résoudre l'affaire du Dahlia noir, et de prouver que son père était bel et bien le coupable. Alors que la famille d'Elizabeth Short n'identifie pas la jeune femme sur les photographies, Steve n'en démord pas : Elizabeth connaissait son père, peut-être avait-elle commencé par être une de ses patientes.

Il affirme également que Hodel est le meurtrier de Jeanne French. Pour lui, cela ne fait aucun doute : son père ressemble au signalement de l'homme mystérieux qui a été aperçu avec elle la nuit de son assassinat, et son écriture correspond à celle retrouvée sur le corps de Jeanne. Le mobile du meurtre qu'évoque Steve Hodel fait froid dans le dos : Jeanne French aurait été tuée uniquement pour faire passer le fameux message *Fuck You B.D.* aux enquêteurs et aux médias. En effet, quelques jours plus tôt, l'*Herald-Express* s'était laissé tenter par la suggestion de Steve Fischer, un scénariste de polars, qui avait conseillé au journal d'annoncer la capture de l'assassin du Dahlia noir. Selon Fischer, cela aurait poussé le réel tueur à faire un signe pour narguer la police plutôt que de laisser une autre personne bénéficier de ce « crédit ».

Le journal avait alors titré :

LE CAPORAL DUMAIS EST L'ASSASSIN
DU DAHLIA NOIR :
IL AUTHENTIFIE DES MARQUES
SUR LE CORPS DE LA FILLE
DANS DE LONGS AVEUX

Pour Steve Hodel, c'est l'absurde raison qui aurait poussé son père à tuer une innocente femme ayant eu le malheur de croiser son chemin.

À la suite de la publication de ce livre, Stephen Kay, l'assistant du procureur de district en chef du comté de Los Angeles, a déclaré que l'affaire Elizabeth Short était résolue :

> « *Je n'ai aucun doute sur le fait que George Hodel ait assassiné Elizabeth Short (le Dahlia noir) et Jeanne French (le meurtre au rouge à lèvres). Et s'il était en vie aujourd'hui, et si les témoins étaient en vie aujourd'hui, je n'aurais aucun problème à remplir moi-même deux chefs d'inculpation pour meurtres contre le docteur George Hodel, et je pense que si j'emmenais ce dossier devant un jury, il serait condamné.* »

Cette déclaration déclenche un coup de tonnerre : les médias s'emballent, et pour beaucoup le dossier du Dahlia noir est définitivement clos.

Mais d'autres spécialistes n'adhèrent pas à la théorie du docteur Hodel : c'est le cas de l'inspecteur Brian Carr, officiellement chargé de l'affaire au début des années 2000. Il s'est dit dérouté par les réactions de Stephen Kay ou encore de l'écrivain James Ellroy qui s'était d'abord enthousiasmé après la sortie du livre de Steve Hodel, avant de se rétracter.

Steve Hodel, de son côté, a publié un nouveau livre en 2009 dans lequel il prétend que son père est non seulement l'assassin du Dahlia noir, mais aussi le tueur du Zodiaque, bien que le mode opératoire de ce dernier n'ait rien en commun avec celui d'Elizabeth Short.

Si, sur certains points, la théorie selon laquelle George Hodel serait l'assassin du Dahlia noir tient la route, il manque tout de même le mobile. Pourquoi George Hodel s'en serait-il pris à Elizabeth Short ? A-t-elle été victime d'une rencontre malheureuse avec un homme aux pulsions meurtrières irrépressibles ? George Hodel était-il un tueur en série qui aurait mis son intelligence, son argent et ses relations au service du mal ? Cette hypothèse est cohérente et séduisante. Mais un autre enquêteur amateur, Larry Harnish, avait lui aussi fait des découvertes très intéressantes que la sortie du livre de Steve Hodel a quelque peu éclipsées...

Walter Bayley

Larry Harnisch, journaliste au *Los Angeles Times*, a consacré une longue partie de sa carrière à l'affaire du Dahlia noir.

En 1996, il prévoit d'écrire un article sur le cinquantième anniversaire de la mort d'Elizabeth Short. En creusant son sujet, il se rend compte du nombre hallucinant de fausses informations qui circulent sur l'affaire et décide de tout reprendre du début, avec rigueur. Il amasse tellement de matériel exploitable qu'il décide finalement d'écrire un livre.

À l'origine, l'ambition d'Harnisch n'était pas d'enquêter pour retrouver le tueur du Dahlia noir. Ce qu'il voulait, c'était rendre justice à la mémoire de cette jeune femme en nettoyant tous les mensonges et les légendes qui s'étaient construites autour de l'affaire. Le journaliste s'était donné pour mission de rétablir la vérité pour que la famille d'Elizabeth, qui avait déjà énormément enduré, puisse enfin avoir une version juste des faits. Un patient travail de recherche dans les archives ainsi qu'une discussion avec l'ancien agent du FBI John Douglas, l'un des pionniers du profilage, ont permis à Larry Harnisch de faire émerger une hypothèse inédite.

Pour Douglas, en effet, l'emplacement où le corps d'Elizabeth Short a été retrouvé est singulier : si le quartier de Leimert Park était effectivement en développement à l'époque, et si certaines parcelles restaient à l'état de terrains vagues (comme celui où le corps a été découvert), il y avait déjà des habitations à proximité : le risque était grand pour le meurtrier d'être vu au moment de déposer le corps. Si le tueur a choisi ce lieu plutôt que de faire une trentaine de minutes de voiture pour aller jeter le cadavre dans le désert ou les montagnes alentour, c'est parce qu'il voulait faire passer un message aux habitants du quartier.

Le fait qu'Elizabeth ait été déshabillée et positionnée avec le pubis apparent et les jambes écartées était clairement, selon Douglas, une façon de dire :

> *« Regardez, vous les habitants de ce quartier : Elizabeth Short était une pute. »*

Larry Harnisch décide d'enquêter sur le quartier de la scène de crime. Pendant des mois, il se renseigne, discute avec des habitants, recoupe des informations, mais rien n'émerge. Cela ne décourage pas le journaliste, passionné et avide de connaissances sur le passé de Los Angeles.

Puis, durant l'été 1997, alors qu'il a du temps seul chez lui, il rouvre un carton contenant tous les documents qu'il avait rassemblés, notamment des éléments envoyés par certains passionnés de l'affaire. Relisant une photocopie du certificat de mariage de Virginia Short, sœur aînée d'Elizabeth, ses yeux s'arrêtent sur une ligne : *Barbara Lindgren, 3959 Norton Avenue*, une adresse à un pâté de maisons du lieu de la découverte du corps de la victime. La dénommée Barbara était la demoiselle d'honneur de Virginia : premier lien entre Elizabeth et le quartier.

Harnisch plonge dans les archives de la ville pour tenter de retrouver la personne qui vivait à cette adresse en 1947. La maison appartenait à une dénommée Ruth Bayley, la mère de Barbara. Et, découverte plus intéressante encore : Ruth était mariée à un certain Walter Bayley, un chirurgien spécialisé dans les mastectomies et les hystérectomies, dont le cabinet était situé à quelques rues du Biltmore Hotel, le dernier lieu où Elizabeth Short a été aperçue en vie.

Tandis qu'il est toujours sur la trace de Barbara Lindgren, le journaliste s'attelle à reconstituer minutieusement la vie de Walter Bayley. Il découvre que ce dernier a étudié la médecine à l'USC et travaillé au Los Angeles County Hospital. Il a également œuvré comme chirurgien en France lors de la Première Guerre mondiale. Bayley a quitté sa femme en octobre 1946, après avoir entamé une relation avec une de ses collègues, Alexandra Patryka.

Walter Bayley, Ruth Bayley et Alexandra Patryka étant tous décédés lors des recherches de Larry Harnisch, le journaliste doit partir à la recherche d'anciens collègues du chirurgien pour en savoir plus. Tous lui font part des mêmes impressions : Walter Bayley avait complètement changé de personnalité dans les dernières années de sa vie. Son ancienne secrétaire se rappelle également que lui et Alexandra Patryka avaient pour habitude d'acheter des repas à emporter et de passer leurs soirées enfermés chez eux à regarder des vidéos de chirurgie.

Parvenant à obtenir le certificat de décès du chirurgien, Harnisch découvre autre chose : Bayley souffrait d'encéphalomalacie, une pathologie qui ramollit les tissus du cerveau et provoque des lésions pouvant entraîner des changements importants dans le comportement du patient, comme des accès de grande violence. Selon des médecins interrogés par Harnisch, Walter Bayley pouvait souffrir d'une démence fronto-temporale (DFT) due à une succession de petits AVC. Atteint d'une telle pathologie, relativement rare, le patient perd la maîtrise des codes sociaux : il est alors désinhibé, devient grossier, vulgaire, agressif sur le plan physique et sexuel. Le malade est également victime de ce qu'on appelle l'anosognosie, c'est-à-dire qu'il n'a pas conscience de sa maladie, rendant ces troubles du comportement encore plus difficiles à accepter et à gérer pour l'entourage. Pour autant, une telle pathologie n'atteint pas spécifiquement d'autres zones du cerveau, impliquées par exemple dans la mémoire des gestes (celle que l'on nomme la mémoire procédurale). Ainsi, si les interactions sociales sont très perturbées pour les patients atteints de DFT, ce n'est pas le cas d'autres tâches. Un chirurgien serait toujours capable d'opérer, par exemple... Mais il aurait perdu toute empathie.

À la suite de ces découvertes, Larry Harnisch ne peut s'empêcher de penser qu'il a peut-être mis le doigt sur une piste jusqu'alors complètement ignorée des enquêteurs. Cela ne fait que renforcer son acharnement à retrouver la fille du docteur Bayley, Barbara.

Mais lorsqu'il la rencontre enfin, cette dernière refuse de s'étendre sur le sujet du Dahlia noir. Elle balaie ses interrogations, affirmant qu'elle n'a jamais été très proche de la famille Short. Elle avait accepté d'être la demoiselle d'honneur de Virginia « parce qu'il n'y avait personne d'autre », c'est tout.

Aujourd'hui, Larry Harnisch semble convaincu que Walter Bayley est le principal suspect de l'affaire. Selon lui, quand Elizabeth est rentrée de San Diego désœuvrée et sans savoir où dormir, elle a pu tenter de contacter Barbara Lindgren, qu'elle avait rencontrée au mariage de sa sœur, pour lui demander de l'aide. Barbara, qui venait de déménager hors de Los Angeles, n'aurait alors pas pu lui répondre et c'est peut-être ainsi que Beth se serait tournée vers le père de Barbara, dont le cabinet n'était qu'à quelques rues du Biltmore Hotel, en voyant son nom dans l'annuaire.

Le couple Bayley avait trois enfants : deux filles, toutes les deux adoptées, et un garçon, qui était leur fils biologique. Dans les années 1920, ce petit garçon de 11 ans est mort tragiquement. Il faisait du vélo dans la rue lorsqu'une de ses sœurs a traversé la route sans regarder. L'enfant s'est alors précipité vers elle, et a été percuté par un camion. La mort de son fils avait complètement bouleversé Walter Bayley, qui avait déclaré à un journaliste :

« Walter Jr était notre seul fils... Le seul enfant issu de notre chair et de notre sang. Nos cœurs et nos âmes étaient rattachés à lui. J'ai souvent vu la mort [de par mon métier] mais je ne l'avais jamais comprise avant. »

Cet accident a eu lieu un 13 janvier, une date extrêmement proche de celle à laquelle Elizabeth Short a été tuée... peut-être même la date exacte, puisqu'elle a été retrouvée au matin du 15 janvier.

Sachant tout cela, Harnisch pense que Beth aurait pu, ne sachant où dormir, s'être rendue au cabinet médical de Walter Bayley pour lui demander de l'aide. Comme elle l'avait fait à San Diego, elle a pu tenter de l'apitoyer en lui racontant son histoire de veuve esseulée ayant perdu un enfant en bas âge. Mais Bayley a peut-être flairé le mensonge, ce qui aurait pu, à cette période bien spéciale de l'année pour lui, le conduire à s'emporter et, désinhibé par sa maladie, à la tuer. Il aurait ensuite déposé le corps à proximité de la maison de son ex-femme et de ses filles pour les intimider, par vengeance. Le journaliste suppose même que le corps d'Elizabeth aurait été sectionné en deux pour permettre au chirurgien affaibli de le transporter plus facilement.

Le docteur Walter Bayley est décédé un an plus tard, en janvier 1948, des suites d'une pneumonie. Il avait 68 ans. A-t-il emporté dans la tombe la vérité concernant sa responsabilité dans le meurtre du Dahlia noir ?

11

ELIZABETH SHORT,
une affaire passée à la postérité

Rien dans son parcours n'indique pourquoi Elizabeth Short est devenue le « Dahlia noir » après son assassinat. En réalité, l'origine de ce surnom est incertaine. Il a été diffusé, à n'en pas douter, par la presse, qui a toujours été très friande de ce type de sobriquets – pour les victimes comme pour les tueurs en série – qui rendent les faits divers plus glamour.

En effet, Elizabeth Short n'est alors pas la seule à avoir été désignée ainsi par un nom de fleur après sa mort. Avant elle, il y avait eu à Los Angeles le meurtre de l'Orchidée blanche, de l'Hibiscus rouge ou encore ceux de l'Œillet blanc et du Gardénia blanc. Cependant, aucun d'entre eux n'est devenu aussi célèbre que l'affaire du Dahlia noir.

Pour autant, ce surnom n'a initialement pas été choisi par les journalistes, qui ont d'abord baptisé l'affaire « meurtre du Loup-Garou », avant de la renommer « Dahlia noir » quand ils ont découvert qu'Elizabeth était surnommée ainsi par ses amis de Long Beach, probablement en référence au film noir *Le Dahlia bleu*, sorti un an avant l'affaire. Dans cette fiction, une jeune femme est assassinée et son petit ami, un militaire, voit les soupçons se tourner vers lui. La presse bondit sur l'occasion pour faire de l'assassinat d'Elizabeth Short un feuilleton haletant, justifiant le changement de « bleu » en « noir » soit par la couleur de ses cheveux, soit par la couleur des vêtements qu'elle portait habituellement.

Condamnée à rester un symbole de la face sombre de Los Angeles, Elizabeth Short est aussi la figure de la victime doublement suppliciée. D'abord par sa mort atroce, mais aussi par la fascination morbide dont elle a fait l'objet et un acharnement médiatique qui n'a jamais faibli. Il faut dire qu'aux États-Unis, ce fait divers condense glamour et noirceur dans la période d'après guerre. Le visage d'Elizabeth Short est, dans l'univers du crime, l'équivalent de celui de Marilyn Monroe au cinéma. C'est un monument de la culture populaire version trash, une histoire dont on parle encore et qui provoque fascination et terreur : celle d'une jeune femme extrêmement séduisante aux allures de star, massacrée, écartelée, défigurée par un monstre sadique insaisissable. C'est une fable, une allégorie du star system hollywoodien qui avale de jeunes âmes autant que leurs corps de rêve avant de les rejeter nus, brisés, sur un bout de trottoir.

Muriel Short, la plus jeune sœur d'Elizabeth, s'est confiée sur ce poids et l'impossibilité du deuil dans de telles conditions. Elle a refusé de lire les livres publiés sur l'affaire, mais sait que ses propres filles l'ont fait pour tenter d'en savoir davantage sur cette tante qu'elles n'ont jamais connue.

« *Notre famille a mis tellement de temps à essayer de se reconstruire, à tourner la page. Et à chaque fois que quelqu'un en reparle, ça recommence. C'est juste trop pour évoquer encore ces vieilles blessures.* »

12

Suicides, empoisonnements et armes à feu

Si la chronique a souvent relaté, sans que cela ait été prouvé, qu'Elizabeth Short avait fréquenté le Cecil Hotel juste avant d'être assassinée, c'est que cela aurait conféré une dimension encore plus macabre à ce fait divers hors normes autant qu'à l'aura rouge sang de l'établissement. Avant 1947 et l'affaire du Dahlia noir, le Cecil cumulait déjà une demi-douzaine d'accidents, de suicides ou morts tragiques à son lugubre palmarès. L'hôtel est spécialement choisi par des personnes désespérées pour mettre fin à leurs jours.

En avril 1929, Dorothy Robertson erre, hagarde, dans les couloirs du Cecil Hotel pendant trois jours avant que les clients et les employés ne daignent lui prêter attention. Cette jeune femme de 33 ans, originaire de San Francisco, vient de perdre son mari brutalement et elle a ingéré des barbituriques. Sa tentative de suicide a échoué, mais l'a plongée dans un état de divagation avancé. Elle est finalement conduite à l'hôpital et prise en charge. On n'a jamais su ce qu'elle est devenue.

Le 19 novembre 1931, une femme de ménage effectue, comme à son habitude, le tour de l'hôtel pour nettoyer et changer les draps, lorsqu'elle découvre dans une chambre le corps d'un homme inanimé. Paniquée, elle se penche au-dessus de lui pour vérifier s'il respire toujours. La vie l'a quitté depuis quelques heures déjà.

Venus constater le décès, les policiers découvrent des capsules de poison dans les poches de sa veste, signe que l'homme avait choisi de se donner la mort. Mais son identité reste encore inconnue. À son arrivée, le 14 novembre, il s'était inscrit sous un faux nom dans le registre de l'hôtel : « James Willys, de Chicago », une pratique courante de l'époque pour ceux qui voulaient passer incognito. Les employés n'avaient alors rien remarqué d'inhabituel dans son comportement.

Ce n'est qu'un peu plus tard qu'on a appris la réelle identité du mort par une brève coupure de presse indiquant que la police avait découvert qu'il s'agissait de W. K. Norton, 46 ans, qui avait disparu de son domicile de Manhattan Beach, une petite ville californienne dans la périphérie de Los Angeles. L'article ne donnait cependant aucune explication sur les motivations de son geste.

Le 17 septembre 1932, un coup de feu résonne dans les couloirs du Cecil Hotel. Carrie Brown, une femme de ménage, découvre le corps d'un jeune homme de 25 ans gisant dans une flaque de sang. Il a reçu une balle dans la tête, transperçant sa tempe droite et causant une blessure létale. Il s'agit de Benjamin Dodich, un Angelin qui s'était enregistré quelques heures plus tôt.

Les enquêteurs ne relèvent aucun élément pouvant conduire à penser qu'il s'agit d'un meurtre et concluent plutôt à un suicide. L'affaire est classée comme telle, bien que Dodich n'ait laissé aucun mot d'explication.

Le 27 juillet 1934, un employé du Cecil Hotel découvre une scène sanglante dans la chambre d'un client retraité du corps médical de l'armée. Le sergent Louis D. Borden, 53 ans, est retrouvé sans vie dans une mare d'hémoglobine, la gorge tranchée. Selon la police, l'homme se serait lui-même donné la mort avec une lame de rasoir. Au suicide par overdose médicamenteuse, que ses connaissances auraient pu lui permettre d'envisager, le sergent, peut-être poussé par l'intensité de son mal-être, a préféré une méthode extrêmement violente. À ses côtés, plusieurs notes manuscrites semblent indiquer que le sergent avait des problèmes de santé qui auraient motivé sa décision. Ses dernières volontés étaient, selon ses propres mots, que « Mme Edna Hasoner [soit] la seule bénéficiaire du peu que j'ai laissé. »

Qui était Edna Hasoner ? Pas la femme de Louis Borden, a priori, qui selon les archives s'appelait Margaret Rachel McLeod. Margaret et Louis s'étaient mariés en 1912. Depuis, s'étaient-ils séparés ? Edna était-elle la fille du sergent, sa sœur, sa maîtresse ? Nul ne le sait.

À la fin des années 1930, de multiples rumeurs s'intensifient autour du Cecil. On dit qu'un résident âgé de l'hôtel aurait tenté de se tirer une balle dans la tête dans le quartier de Westlake ; qu'une locataire de longue durée aurait été retrouvée noyée dans l'océan Pacifique ; que plusieurs criminels, des voleurs en particulier, auraient été arrêtés dans leurs chambres du Cecil Hotel.

Le 28 mai 1939, une femme de chambre découvre le corps d'Ewin C. Neblett, 39 ans, tombé inconscient sur le sol de sa chambre après avoir ingéré de la strychnine, un puissant poison généralement utilisé contre les rongeurs.

L'employée tente d'intervenir mais Neblett rend son dernier souffle avant l'arrivée des secours. Dans sa chambre, les policiers découvrent une lettre scellée, adressée à son oncle, un certain « docteur D. C. Neblett de Staten Island », mais pour une raison inconnue, ils décident de ne pas l'ouvrir. Elle a été envoyée avec le corps à la morgue de Long Beach et son contenu reste ignoré à jamais. Certaines rumeurs évoquent la possibilité qu'Ewin Neblett, qui était opérateur radio de la Marine assigné à l'*USS Wright*, un transporteur d'hydravions, n'ait pas supporté la pression d'être appelé au combat et ait préféré se donner la mort pour échapper à son devoir militaire.

Dans le journal local de sa ville natale, Clarksville, un article rapporte le décès d'Ewin Neblett, mais ne mentionne pas qu'il s'agit d'un suicide, probablement par égard pour sa famille car le sujet était extrêmement tabou à l'époque.

Sept mois plus tard, durant la nuit de Noël, Lewis Neblett, le père d'Ewin, décède dans son sommeil. Très apprécié de la communauté, ce médecin de 73 ans avait eu beaucoup de mal à se remettre de la mort de son fils. Le lendemain, le journal local publie ces quelques lignes :

> *Le docteur Neblett n'était pas bien depuis six semaines. Préoccupé par le décès soudain de son fils, Erwin, en Californie en mai dernier, et par le fait que sa maison a été gravement endommagée par un incendie il y a peu de temps, il est suspecté d'avoir précipité sa mort.*
>
> (*Clarksville Leaf-Chronicle*, 26 décembre 1939.)

Au tout début de l'année 1940, le 10 janvier, Dorothy Sceiger tente de se suicider dans sa chambre du Cecil. Cette enseignante de l'école Riverside, âgée de 45 ans, est retrouvée par des employés de l'hôtel dans un état « proche de la mort » après avoir ingéré du poison. Elle est immédiatement conduite à l'hôpital Georgia Street Receiving, mais décède deux jours plus tard, selon le *Los Angeles Times*. Dorothy avait prémédité son acte : elle s'était enregistrée sous la fausse identité d'Evelyn Brent et avait rédigé une lettre, envoyée à sa famille, dans laquelle elle annonçait son intention de mourir.

L'accumulation de ces drames donne le sentiment que le Cecil Hotel a toujours réussi à attirer des âmes en perdition pour les aspirer dans son antre. Ou alors, ce sont peut-être les entrefilets dans la rubrique des faits divers qui, inconsciemment, ont ancré dans les esprits le nom du lieu comme celui où l'on se rend pour mettre un terme à sa vie.

13

RICHARD RAMIREZ, le « Traqueur de la Nuit »

Pour un vrai tueur, un bon meurtre
est comme un bon repas :
vous souhaitez qu'il dure
et en profiter le plus possible.

Richard Ramirez

30 janvier 1989, Ramirez entre seul dans le tribunal. Deux policiers le suivent. La salle est silencieuse. Il avance d'un pas assuré, presque nonchalant, balaie le public du regard derrière ses lunettes Aviator noires. Il ressemble à une rock star, avec sa longue chevelure noire bouclée qui rebondit sur ses épaules, ses pommettes saillantes, sa silhouette qu'on devine svelte dans un costume noir légèrement trop grand. Seules les chaînes à ses chevilles indiquent aux plus observateurs que l'homme qui vient de pénétrer dans la salle n'est pas une vedette de la scène gothique ou metal, mais bien celui qui a terrorisé Los Angeles en 1984 et 1985. Un dossier à la main, Richard Ramirez s'assoit aux côtés de ses avocats, qui se penchent aussitôt pour

lui murmurer quelques mots à l'oreille. L'ambiance est électrique. Ce premier jour de procès, le monde entier l'attend depuis quatre ans. Des dizaines de curieux se sont amassés dans le hall du tribunal dans l'espoir d'apercevoir Ramirez. Les hommes ont des mines satisfaites, les femmes dissimulent mal leur excitation. Tous sont à la fois soulagés de savoir qu'un être si malfaisant n'est plus en liberté, et en même temps, ils sont fascinés par le charisme magnétique de cet animal sauvage.

L'été précédent, lors d'une audience préliminaire, Ramirez était apparu souriant, l'air narquois, juste avant de s'écrier « *Heil Satan*[1] *!* » et de brandir un pentagramme satanique préalablement dessiné sur la paume de sa main.

Malgré les chefs d'accusation qui pèsent sur lui – 13 meurtres, 5 tentatives de meurtre, 11 agressions sexuelles et 14 vols aggravés avec effraction –, le « Traqueur de la Nuit » reçoit des dizaines de lettres de soutien d'admiratrices du monde entier depuis son arrestation.

Richard Ramirez est né le 29 février 1960 à El Paso, au Texas. Dernier d'une fratrie de cinq enfants, c'est un gentil bébé. Mercedes, sa mère, a subi de sérieuses complications lors de sa grossesse. Elle a dû interrompre son travail à l'usine de bottes en cuir Tony Lama car les émanations chimiques étaient devenues trop incommodantes

1. « Gloire à Satan ! ».

et les médecins craignaient qu'elle ne fasse une fausse couche. Julian Ramirez, ancien policier de Juarez – à proximité d'El Paso, de l'autre côté de la frontière mexicaine –, travaillait sur les voies de chemin de fer. Il était fréquemment absent plusieurs jours d'affilée, et avait développé une addiction à l'alcool. Il aimait profondément ses enfants mais les élevait à la dure, persuadé que les encouragements ne les pousseraient pas aussi loin que les coups de ceinture. Pourtant, Julian n'a pas toujours levé la main sur ses enfants. Autrefois lui-même victime des coups portés par son père, il s'était juré de ne jamais faire de mal à ses enfants. Mais la violence coule dans les veines des Ramirez de génération en génération... Quand ses fils étaient petits, Julian explosait parfois de rage, mais il préférait se mutiler violemment plutôt que de s'en prendre à eux ou à d'autres.

Une scène en particulier marque tous les enfants, alors que Julian tente de réparer un évier et qu'il n'y parvient pas. Sous le coup de l'énervement, il s'empare d'un marteau et se frappe la tête avec, s'ouvrant la chair à plusieurs endroits.

> « *Mon père pouvait tellement s'énerver qu'il perdait totalement le contrôle. Il s'énervait encore plus contre les objets, comme l'évier, que contre les gens. C'était terrifiant. Richard était là, effrayé, il a vu le sang couler alors que mon père continuait à se frapper.* » (Ruth Ramirez.)

C'est plus tard que Julian reniera ses « principes » en passant ses nerfs sur sa descendance.

La famille Ramirez ne roule pas sur l'or : Mercedes et son mari sont des immigrés mexicains de la classe moyenne qui travaillent dur pour offrir à leurs enfants une meilleure vie. Arrivés tous les deux à l'âge de 19 ans aux États-Unis, ils fondent leur foyer en même temps qu'ils assurent quantité de petits boulots, et leur vie de parents n'est pas de tout repos. Leur second fils, Joseph, développe de sérieux problèmes de santé et des troubles orthopédiques, sans doute liés aux retombées radioactives des tests de la bombe A effectués dans le désert environnant Los Alamos au Nouveau-Mexique au début des années 1950. En grandissant, les os de Joseph poussaient en s'incurvant, et ses parents ont payé près d'une quinzaine d'opérations pour venir à bout de ces malformations, en vain. Les deux autres fils du couple, Ruben et Robert, présentaient quant à eux des difficultés d'apprentissage et des problèmes comportementaux. La seule et unique fille de la fratrie, Ruth, est gentille et douce, mais elle n'est qu'une fille, et c'est sur Richard que les Ramirez fondent leurs meilleurs espoirs de réussite et de revanche sur la pauvreté.

Durant ses premières années, « Richie », comme on l'appelle affectueusement, endosse ce rôle à merveille : chouchouté par sa grande sœur qui joue avec lui comme s'il était son propre bébé, c'est un petit garçon qui fait ses nuits, mange avec appétit, aime la musique... Et c'est un très bel enfant, souriant. Rien à voir avec ses deux grands frères turbulents qui n'écoutent rien, ni à l'école ni à la maison, ont de mauvaises fréquentations et font les quatre cents coups. Ils traînent dans le quartier, sniffent de la colle et s'amusent à voler des voitures. Un comportement qui rend leur père fou de rage lorsqu'il rentre du travail, mais les cris et les coups n'y font rien.

Richard est terrorisé par ce père, qui n'est pas plus tendre avec lui qu'avec ses frères. Dans ses accès de violence, il se réfugie dans le cimetière Cordova, derrière la maison. Richard Ramirez associe cet endroit au calme et à la sécurité. Plus tard, c'est même là qu'il ira dormir la nuit lors de ses fugues. Les tombes et le silence ne lui font pas peur, au contraire, ils le rassurent. C'est peut-être là que se trouvent les racines de sa fascination pour le monde des ténèbres.

Dans les années 1970, les agents spéciaux de l'unité des sciences comportementales du FBI se sont penchés sur l'épineuse question de la genèse des homicides sériels. Qu'est-ce qui fait que certains hommes tuent des inconnus à répétition ?

Parcourant le pays pour aller à la rencontre de psychologues, de chercheurs, de policiers mais aussi de tueurs en série emprisonnés, ils ont dressé une liste qui constitue encore aujourd'hui, en bonne partie, ce qu'on désigne comme des facteurs de risque de passage à l'acte criminel.

Parmi ces causes potentielles, l'une est étonnante de prime abord : les chocs violents à la tête durant l'enfance. Les statistiques montrent qu'on retrouve fréquemment cet événement traumatique dans l'enfance des tueurs en série. Les lésions cérébrales du lobe frontal peuvent en effet entraîner des modifications du comportement et des conduites agressives. Or, à deux reprises, Richard Ramirez a subi, très jeune, de gros traumatismes crâniens.

Le premier a eu lieu alors qu'il n'était qu'un petit enfant de 2 ans. Cet après-midi-là, Richie est à la maison sous la surveillance d'une baby-sitter distraite par sa *telenovela* favorite. Le petit garçon, sensible à la musique, lui fait comprendre à plusieurs reprises qu'il veut qu'elle allume la radio, mais la femme refuse. Qu'à cela ne tienne, le bambin n'en fait qu'à sa tête. Il s'introduit dans la chambre de ses parents où trône l'objet de sa convoitise : un poste de radio posé sur une console. Trop petit pour atteindre l'objet, l'intrépide enfant escalade la commode adjacente en s'accrochant aux tiroirs. Mais soudain, le meuble bascule en avant et s'écrase lourdement sur la tête du petit garçon qui demeure inconscient pendant une quinzaine de minutes. Il s'en sortira avec une trentaine de points de suture sur le crâne et une commotion cérébrale.

Puis, à 5 ans, il est victime d'un autre accident sur une aire de jeux. Alors que sa sœur Ruth s'amuse sur une balançoire, il fonce vers elle et la jeune fille ne peut éviter la collision. Heurté en plein visage, le garçonnet tombe inconscient et doit encore une fois être emmené aux urgences.

C'est l'année suivante que Richie commence à présenter un trouble épileptique, que l'on découvre après qu'il s'est effondré en classe, secoué par d'intenses convulsions. Petit, ces crises sont particulièrement spectaculaires et handicapantes, l'empêchant par exemple de faire du sport avec les autres enfants, mais elles s'estompent au fil des années pour finalement cesser à l'adolescence.

Si ces éléments neurologiques peuvent être considérés comme des facteurs de passage à l'acte violent, il ne faut pas non plus oublier le contexte familial dans lequel il a grandi. Durant toutes ses années de développement, il est entouré par des hommes violents, machistes et déviants. En plus de son père et de ses frères, Richard s'est aussi construit auprès d'un de ses cousins, un dénommé Miguel, alias Mike, qui avait le même âge que Ruben et dont il était inséparable. C'est avec lui que le frère aîné de Richard sniffait de la colle et commettait des délits.

Au début des années 1970, Miguel Ramirez rentre du Vietnam, où il a combattu dans les forces spéciales de l'armée américaine. La ribambelle de médailles brillantes épinglées sur le torse de Mike fait immédiatement de lui un héros aux yeux de Richard, qui n'a alors qu'une douzaine d'années. Il lui raconte en détail ses « exploits » : massacres de soldats vietnamiens et de civils, viols en série et mutilations de femmes ayant eu le malheur de croiser son chemin. Miguel est un être immoral qui ne semble pas éprouver la moindre culpabilité quant à ses actes, dont il se vante sans vergogne. Il montre même à Richard la collection de Polaroids qu'il a pris là-bas. Sur les photographies, on voit des femmes obligées de pratiquer des fellations sous la menace d'armes à feu, ou encore Miguel posant fièrement avec les têtes de ces mêmes femmes décapitées à la machette.

Richie sait bien que ces images sont immorales, mais, travaillé par ses hormones prépubères, il ne peut s'empêcher de se sentir étrangement excité par ce qu'il voit sur ces clichés. Bien vite, lorsqu'il se masturbe, ses fantasmes sexuels s'imprègnent d'images de femmes en pleurs, de chairs découpées et d'hémoglobine.

En peu de temps, le sadique Miguel Ramirez prend l'adolescent sous son aile. Il décide de le former au combat, l'emmène chasser des animaux dans le désert et lui apprend comment tuer discrètement et efficacement un être vivant.

Tout bascule dans la soirée du 4 mai 1973. Richard se trouve, comme à son habitude, chez Miguel. Ensemble, ils traînent dans le salon autour de quelques bières et d'un joint qu'ils partagent. L'adolescent pose sa bouteille vide, se lève puis se rend dans la cuisine pour se resservir. En ouvrant le réfrigérateur, il découvre au milieu des aliments un revolver .38 posé sur une clayette. L'arme est courante à l'époque chez les policiers et les militaires de l'armée américaine. Étonné, Richard demande à son cousin ce qu'elle fait là, ce à quoi Miguel répond vaguement qu'il pourrait avoir besoin de s'en servir.

La soirée se prolonge jusqu'à l'arrivée de Jessie, l'épouse de Mike. Leur relation était tendue depuis quelque temps, la jeune femme ayant de plus en plus de mal à accepter les horreurs auxquelles son mari a participé au Vietnam, mais aussi le fait que depuis son retour il soit sans travail. Comme souvent, une dispute éclate au sein du couple. Miguel Ramirez est étrangement calme. Soudain, il tourne les talons, s'empare du revolver caché dans le frigo et le braque droit sur le visage de Jessie. Un coup sec résonne dans le salon. Le corps de la jeune femme s'effondre sur le sol. Elle meurt sur le coup. Mike se tourne vers son jeune cousin, lui demande de quitter la maison et de ne parler à personne de ce qui s'est passé. À tout juste 13 ans, Richard vient d'assister à un meurtre effroyable. Plus tard, il se souviendra :

> « *C'était tellement étrange... Je la connaissais... Elle était morte, assassinée, partie.* »

Le traumatisme de cet événement tragique pousse l'adolescent encore plus loin dans son obsession de la violence. La décharge d'adrénaline causée par le coup de feu, les os éclatés, les projections de cervelle tiède... tous ces flashs hantent désormais ses fantasmes les plus pervers.

Miguel Ramirez est arrêté après le meurtre de sa femme et jugé. L'ancien militaire s'en tire à bon compte : après que son avocat a plaidé au tribunal un acte résultant de ses « traumatismes de guerre », il est reconnu non coupable pour cause d'aliénation mentale temporaire et placé en hôpital psychiatrique.

Lors de ce procès, Mike a aussi touché une corde sensible, celle de la culpabilité américaine envers ses vétérans. Aucune aide psychologique n'était proposée à l'époque aux anciens soldats, pas plus qu'un programme de réinsertion dans la société à leur retour au pays. Le jury a été si ému par l'histoire de Miguel qu'il n'a pas vu en lui le tueur sadique et sans pitié qui avait abattu sa femme et la mère de leurs deux enfants.

Le soir après le meurtre de Jessie, Richard Ramirez rentre chez ses parents, perturbé certes, mais gardant le secret sur ce qu'il vient de vivre. Ils dînent ensemble sans que personne ne puisse se douter de la scène traumatisante à laquelle il a assisté. Lorsqu'ils apprennent ce qui est arrivé, les Ramirez sont ébranlés mais restent soudés, tandis que la famille de la victime se désolidarise de ce noyau dur, ce qui provoquera par la suite une rivalité.

Quelques jours plus tard, Julian et Richard sont chargés par la famille de vider l'appartement où s'est produit le drame. Richie vit ce moment comme une expérience mystique : la tache sur le sol à l'endroit où la jeune femme s'est écroulée, l'odeur du sang séché, le souvenir de la mort... Cela provoque à nouveau en lui des montées d'adrénaline.

Le meurtre de Jessie marque un tournant dans la vie de Richard Ramirez. Après cet événement, il se renferme, se désintéresse totalement de l'école et se met à consommer de plus en plus de cannabis. Il n'obéit plus du tout à son père qui peine à se faire respecter, laisse pousser ses cheveux, passe ses journées à traîner avec sa sœur Ruth, un joint à la main. Durant l'été 1973, Julian et Mercedes acceptent que Richie rende visite à son plus grand frère, Ruben, désormais installé avec sa femme à Los Angeles. S'ils espèrent que ce séjour l'aidera à retourner dans le droit chemin en lui changeant les idées, ils se trompent lourdement.

Dans le car Greyhound direction la Californie, Richard Ramirez, à peine âgé de 13 ans à l'époque, est surexcité à l'idée de se rendre dans la ville mythique. Il a déjà conscience que la vie luxueuse auprès des stars de cinéma, des belles blondes bronzées et des riches producteurs n'est pas la sienne, mais le petit cambrioleur qu'il est devenu depuis quelques mois est convaincu qu'il est capable de dérober sa part du rêve américain.

14

RICHARD RAMIREZ,
à l'aube de la criminalité

Les premières semaines de Richard Ramirez à LA ressemblent surtout à un stage du parfait petit délinquant : il accompagne son frère Ruben lors de plusieurs cambriolages, apprend de nouvelles techniques pour déverrouiller les serrures, esquive les chiens et les systèmes d'alarme, il fume encore et toujours plus de cannabis. Il consomme aussi beaucoup de porno. Alors qu'il n'a même pas 14 ans, il profite de sa haute taille pour se faire passer pour plus vieux qu'il ne l'est et entrer dans les sex-shops de Downtown, où il se procure des films particulièrement violents.

À son retour à El Paso, Richard n'est plus motivé pour s'investir en classe. Il est pourtant loin d'être stupide, mais les seules choses qui l'intéressent désormais sont le cannabis, les films d'horreur et le karaté, qu'il pratique. Et la musique, bien sûr, cette passion qui ne l'a pas quitté depuis tout petit et qui continue de jouer un rôle important pour lui. Il aime le rock et le metal. Black Sabbath, Ozzy Osbourne, Billy Idol, Judas Priest, et bien sûr AC/DC font partie de ses groupes préférés. C'est un adolescent plus grand que les autres, mince, musclé, au regard noir perçant derrière ses grandes mèches bouclées. Il n'est pas particulièrement querelleur, mais se réfugie beaucoup dans son imagination débordante de rêves violents. Il passe la plupart de ses nuits dans le cimetière derrière la maison, avec un simple sac de couchage, pour éviter les coups de son père excédé.

Après quelques mois, Ramirez quitte le domicile parental pour aller s'installer avec sa sœur Ruth et son mari, Roberto Avala. C'est un homme qui s'avère bien pénible pour Ruth, en constante demande de sexe, avec des habitudes voyeuristes et perverses. Très vite, Roberto emmène Richie avec lui lors de ses virées nocturnes : ils se cachent dans des jardins et tentent de surprendre des femmes se déshabillant derrière leurs fenêtres.

Ce comportement amène rapidement Ruth à demander le divorce après seulement deux ans de mariage. Richard reste auprès d'elle et continue, seul, les sorties voyeuristes.

À 14 ans, l'adolescent expérimente de nombreuses drogues dures aux propriétés hallucinogènes, comme il en circulait énormément à cette époque aux États-Unis. Acide, LSD, champignons, mescaline... Défoncé, il s'aventure dans le désert pour chasser les coyotes tout en s'imaginant avoir des discussions en tête à tête avec Satan.

La famille Ramirez a toujours été religieuse, mais après la dérive de ses enfants, le meurtre de Jessie et une obscure affaire de magie noire durant laquelle Julian aurait été victime d'un sort pendant plusieurs mois, ils se mettent à prier encore plus fort. Richard, lui, sait que les obsessions qui le tourmentent, ses pulsions de domination et de violence envers les femmes ne sont pas acceptables aux yeux du Dieu de ses parents. Satan, l'ange déchu, lui apparaît alors comme la seule divinité qui puisse autoriser – voire encourager – ses déviances et ses péchés.

Quand il entre au lycée, Richie parvient à se dégoter un petit job dans un hôtel Holiday Inn de la ville. Ses missions sont assez simples, il s'agit de donner un coup de main à la maintenance, au ménage et de porter les bagages des clients. Un jour, il se retrouve dans l'ascenseur avec deux filles un peu plus jeunes que lui. Il fixe l'une d'elles et lui adresse un compliment d'une façon qui met suffisamment mal à l'aise les deux adolescentes pour qu'elles le rapportent immédiatement à leurs parents et à la réception. Ramirez s'en tire avec un simple avertissement et, pendant plusieurs mois, se tient globalement à carreau.

Puis il parvient à subtiliser une carte permettant d'ouvrir les portes de toutes les chambres. Il s'entraîne, régulièrement, à entrer pendant que les clients dorment, mettant en pratique tous les conseils de discrétion que lui avait donnés son cousin Mike. Bien sûr, au passage, il en profite pour dérober quelques objets de valeur. Parfois, il se cache pour observer les femmes qui se déshabillent.

Bientôt il passe à l'étape supérieure. Après avoir préparé minutieusement son plan, Richard s'introduit un soir dans la chambre d'une femme alors qu'elle se trouve dans la salle de bains. Il se cache dans un placard pour pouvoir la surprendre par-derrière lorsqu'elle en sortira. Aussitôt fait, il plaque sa main sur la bouche de sa victime et lui glisse à l'oreille des menaces au cas où elle tenterait de crier. N'ayant pas le choix, elle s'allonge face contre terre, comme l'exige Richard, puis se laisse ligoter les mains. Ramirez baisse la culotte de la jeune femme et dézippe sa braguette, puis il se penche au-dessus d'elle, prêt à la violer, lorsque la porte s'ouvre. Le mari de la victime, parti s'acheter un en-cas, surprend Ramirez à cet instant et n'hésite pas une seconde : il se jette sur lui et lui décoche un coup de poing phénoménal en plein visage. Ramirez a beau être plus fort que les adolescents de son âge et s'entraîner aux arts martiaux, il ne fait pas le poids contre un mari enragé. Après une dérouillée en règle, l'homme détache sa femme et se précipite dans le hall pour appeler la police.

Ramirez est conduit à l'hôpital, menotté, méconnaissable. Sa tête est enflée comme un ballon, violacée, suintante, balafrée. Lorsque sa mère et sa sœur, prévenues par la police, viennent lui rendre visite, elles ne parviennent pas à imaginer que leur petit Richie adoré ait pu vouloir commettre un acte aussi monstrueux. Il abonde dans leur sens, leur livre une version où il est la victime d'un coup monté, d'une brute d'homme trahi, après avoir été attiré dans la chambre d'hôtel par une femme adultère.

Évidemment, toute la famille Ramirez le croit. Et puis, le couple de victimes, lui, habite loin et veut passer à autre chose. Il décide de laisser tomber les poursuites. Richard s'en tire sans même une peine de probation.

En 1977, Miguel « Mike » Ramirez sort de l'hôpital psychiatrique dans lequel il a passé un peu plus de quatre années après le meurtre de sa femme. Il retrouve Richard et, ensemble, ils recommencent à sortir toutes les nuits pour cambrioler des maisons, chasser dans le désert et parfaire l'entraînement quasi militaire de l'adolescent. Richie est désormais un voleur accompli, il entre régulièrement chez des gens, entièrement vêtu de noir, sans jamais être suspecté. Il revend les objets volés, et utilise l'argent pour faire des cadeaux à sa mère et s'acheter de la drogue.

Il entame une relation avec Nancy Avila, une petite voisine de son quartier âgée de 13 ans qui était tombée amoureuse du brun ténébreux avant même d'avoir osé lui parler. Les trois ans et demi qui les séparent ne semblent pas les arrêter. Ils se voient en secret, d'abord dans un hôtel que le jeune homme paie avec le fruit de ses rapines, puis dans le cimetière Cordova. Ils y passent des heures, font l'amour au milieu des tombes. Nancy racontera bien plus tard à des journalistes :

« Richard était un bon amant, très doux et prévenant. Il ne m'a jamais forcée à quoi que ce soit !

J'étais consentante, et on l'a fait. Je me sentais coupable parfois, mais je le faisais. J'étais jeune, très amoureuse, et je pensais qu'il m'aimait aussi. Richard avait quelque chose de différent, il avait cette aura qui m'attirait irrésistiblement. Il était généreux et drôle. »

Elle connaissait les rumeurs selon lesquelles son petit ami était un voyou, mais, complètement captivée par son magnétisme, elle avait choisi de ne pas y prêter attention. Leur aventure s'arrête rapidement lorsque Richard comprend que l'écart d'âge entre lui et la très jeune fille risque de poser problème et qu'elle développe trop de sentiments à son égard.

À 18 ans, Richard grimpe pour la seconde fois dans un car Greyhound en direction de Los Angeles. Il se sent trop à l'étroit à El Paso depuis quelque temps déjà et sait que là-bas, il pourra se faire beaucoup d'argent rapidement. Sans prévenir ses proches, il s'enfuit avec un simple sac sur le dos, et débarque en plein Downtown LA parmi les sans-abri, les prostitués et les camés. Ça lui plaît, personne ici ne risque de le dévisager. Il passe incognito, il se sent enfin dans son élément.

À peine arrivé, il descend aussitôt Main Street jusqu'à une librairie érotique, le Dave's Adult Bookstore, située juste à côté du Cecil Hotel. Il s'achète un magazine spécialisé dans le bondage et l'emporte dans sa chambre du Frontier Hotel, à deux rues de là. Son instabilité le poussera à changer très fréquemment d'endroit, et le mènera bien vite au Cecil.

Pendant les semaines qui suivent, il vit sur l'argent qu'il gagne en vendant du cannabis qu'il a apporté d'El Paso. Plusieurs soirs, il passe aussi chez son frère Ruben, marié à une dénommée Suzanna. Mais après quelque temps, une dispute éclate entre les deux, Ruben accusant son cadet d'avoir fait des avances à sa femme – sans que l'on sache si les accusations sont fondées ou s'il s'agit de jalousie et d'un énième coup de sang comme en avaient le secret tous les hommes de la famille Ramirez –, et « Richie » n'est désormais plus le bienvenu dans l'appartement.

Durant l'année 1978, Ramirez consomme de plus en plus de cocaïne, substance à laquelle il devient vite accro. Plutôt que de la sniffer, lui se l'injecte en intraveineuse, ce qui en décuple les effets. L'activité cérébrale de Richard s'accélère et il se sent tout à coup puissant, invincible. Sous l'effet de la coke, il devient aussi plus agressif, et les fantasmes violents prennent forme avec acuité dans son esprit. Mais cette drogue, alors très à la mode, il faut la financer. À la fin des années 1970, un gramme de cocaïne se vend en moyenne 100 dollars, une véritable fortune pour l'époque car le territoire américain n'est pas encore inondé par le marché colombien.

Ramirez découvre aussi la « poussière d'ange », ou PCP, qui vient tout juste d'être interdite de commercialisation. Bien plus abordable, il s'agit au départ d'un anesthésiant vétérinaire que beaucoup ont détourné pour son effet hallucinogène. La liste des effets secondaires est longue comme le bras et on a attribué à cette drogue de nombreuses morts ainsi que des épisodes psychotiques. Ce qui ne nuit en rien à sa popularité.

Alors, Richard Ramirez cambriole, de plus en plus. Dans l'immensité de Los Angeles, il est facile pour lui de changer de quartier chaque soir pour éviter d'être repéré, et il y possède désormais tout un réseau qui lui rachète sa marchandise près de la station Greyhound sans poser la moindre question.

Bien vite, il réalise qu'il a besoin d'une voiture, ce qui lui donnerait deux avantages : celui de pouvoir se déplacer bien plus rapidement, grâce aux axes autoroutiers qui traversent la ville, et celui de lui offrir un endroit où dormir. Évidemment, il n'est pas question pour lui d'acheter un véhicule, mais de le voler.

La routine de Richard Ramirez prend rapidement forme : voler des voitures, cambrioler, se défoncer à la cocaïne, dormir quelques heures, parfois se payer une demi-heure en compagnie d'une prostituée... Puis recommencer. Il renonce à l'hygiène la plus élémentaire, ses cheveux et ses vêtements sont sales, il ne se douche pas. La drogue et le sucre[1] qu'il consomme chaque jour usent l'émail de ses dents qu'il ne brosse jamais, provoquant l'apparition d'importantes caries qui le font souffrir, mais qu'il ne cherche pas à soigner.

1. Les drogues dures ont tendance à créer une appétence accrue pour le sucré.

Il perd de plus en plus de poids, ses joues se creusent davantage, sa silhouette est décharnée... Mais Ramirez s'en fout, il n'a plus envie de plaire à qui que ce soit, et tant pis s'il effraie les passants. Il sait qu'il ne reviendra plus parmi eux. Désormais, il est à sa place parmi les marginaux de Downtown LA. Il est chez lui.

Lorsque Richard Ramirez découvre l'Église satanique fondée par Anton LaVey, il se rend directement à San Francisco pour le rencontrer.

LaVey est un personnage sulfureux, iconique du milieu artistique, mondain et alternatif de la Californie des années 1960 et 1970. Ancien dresseur d'animaux exotiques dans un cirque, organiste, showman et chercheur en paranormal, il se fait un nom dans les années 1960 à San Francisco, mais c'est véritablement à partir de 1966 qu'il gagne en popularité, lorsqu'il fonde son organisation : l'Église de Satan. Celui que la presse surnomme le « pape noir » rédige un manuel, la *Bible satanique*, se charge de « baptiser » les nouvelles recrues, de célébrer des funérailles sordides, et organise régulièrement des rencontres et des rituels occultes. De nombreuses stars iconiques se sont rendues en Californie pour le rencontrer et le fréquenter, comme en témoignent des clichés d'époque : Jayne Mansfield, la bombe sexuelle blonde qui fut broyée dans sa Buick Electra en 1967 lors d'un tragique accident ; le créateur du magazine *Famous Monsters of Filmland* Forrest Ackerman, passionné de science-fiction, qui était l'agent d'auteurs comme Isaac Asimov, ou encore le sexologue Gavin Arthur, petit-fils d'un ancien président des États-Unis.

Ramirez et LaVey ont tous les deux déclaré s'être vus au moins une fois, même si les versions rapportées sur les circonstances de cette rencontre divergent et qu'il n'en existe aucune trace concrète. Selon Ramirez, il aurait assisté lors d'un séjour à San Francisco à une cérémonie satanique donnée par le pape noir, au cours de laquelle il aurait été touché par la main de Satan.

Mais pour Anton LaVey, Satan n'est pas réellement une divinité, plutôt la représentation de la liberté absolue, du pouvoir de l'individu et de l'accès à toutes les formes de plaisir. Une vision très différente de celle, beaucoup plus empreinte de catholicisme, qu'en avait Ramirez.

Quoi qu'il en soit, après la découverte de la *Bible satanique*, ses convictions se renforcent, mais il n'entre pas dans l'organisation de LaVey. Peut-être craint-il qu'elle soit infiltrée de policiers. Il demeure, encore et toujours, un solitaire.

Au début des années 1980, Ruth est très choquée par l'apparence de son frère Richard et par ce qu'il est devenu. Elle le supplie d'arrêter de consommer de la cocaïne, de rentrer à El Paso pour que la famille puisse prendre soin de lui. S'ensuit un échange qui en dit long sur le naufrage intérieur de Richard.

> « *Où es-tu ? Tu es en enfer ici, Richie.*
> – *Eh bien, c'est là que je veux être.*

– Tu vas finir par être blessé...

– Rien de grave ne peut m'arriver, car je suis protégé, tu comprends ?

– Protégé par qui ?

– Par Satan.

– Pourquoi Satan, Richie ? Pourquoi, pourquoi ?

– Car Satan représente ce que je ressens. Je ne suis pas comme les autres, je suis différent. J'ai changé. J'ai un métier maintenant. Je suis un voleur, Ruth... un très bon voleur.

– Combien de temps cela va-t-il durer avant que tu finisses en prison ?

– Je n'irai pas en prison, OK ? Je te l'ai dit, je suis protégé. »

Ruth rentre extrêmement bouleversée par cette rencontre avec son petit frère qu'elle aime tant. À ses parents, elle ne cache pas la vérité. Tous savent combien Richard est borné, qu'il sera impossible de le faire changer d'avis. Ils se résignent.

Ramirez vivote à Los Angeles depuis quelques années déjà. Il s'enferme dans une routine solitaire, se « nourrit » plus de cocaïne que d'aliments, dort peu, sillonne la ville au volant de voitures volées. Entre deux cambriolages, il s'installe dans des hôtels à bas prix de Skid Row : le Frontier, le Rosslyn, le Huntington et bien sûr le Cecil.

15

RICHARD RAMIREZ, la descente aux enfers

Le 10 avril 1984, Richard Ramirez commet son premier meurtre. Il entraîne Mei Leung, 9 ans, dans le sous-sol de son immeuble alors qu'elle cherchait un billet de 1 dollar qu'elle avait perdu.

Une fois dans la cave sombre et froide, il frappe la petite fille plusieurs fois avant de serrer ses grandes mains autour de sa gorge frêle. Relâchant son étreinte, Ramirez déshabille l'enfant, la viole, puis la poignarde avec un couteau à cran d'arrêt. L'horreur ne s'arrête pas là. Il ne fuit pas les lieux, non... Il prend le temps de disposer le corps dans une effroyable mise en scène.

Les policiers découvrent le cadavre de Mei Leung quelques heures plus tard, en explorant l'immeuble où elle a disparu. La lumière de leurs lampes torches éclaire subitement une forme blafarde accrochée aux tuyaux d'évacuation du sous-sol. La petite fille est là, à moitié nue, suspendue en l'air dans la position du Christ sur la croix.

L'affaire restera irrésolue pendant vingt-cinq ans, jusqu'à ce que des prélèvements ADN sur le corps de l'enfant révèlent en 2009 la présence de Ramirez sur la scène du crime.

Pendant plusieurs jours, il se cloître dans sa chambre du Cecil Hotel, se shoote en écoutant ses groupes de heavy metal favoris, oubliant tout... Jusqu'à être à court de substance et devoir à nouveau partir en quête de quelques objets à revendre pour acheter sa prochaine dose. Les autres clients de l'hôtel ne font pas attention à lui ; la plupart ont le même mode de vie. Les employés, eux, ont appris à fermer les yeux.

Lors de ses passages au Cecil, Richard Ramirez s'enfonce dans ses fantasmes les plus sombres. Il pense pornographie hardcore, mutilations, viols, torture. Il sent qu'il est tout proche de Satan, le seul qui ne juge pas ses pulsions, qui les accepte et même les encourage. Il dégage une odeur de bête, mélange de crasse, de cendres et de sperme. Les femmes de ménage savent qu'il vaut mieux éviter la chambre 1419, tout en haut du Cecil, là où Ramirez se cloître.

Dans la nuit du 28 juin 1984, Richard Ramirez rôde dans les rues de Glassell Park, un quartier vallonné au nord de Los Angeles. Il est à l'affût d'une opportunité lorsque ses yeux noirs repèrent une fenêtre laissée ouverte pour faire entrer le peu d'air frais apporté par la nuit. Il n'a aucune idée de qui peut être dans l'appartement, mais peu lui importe. La cocaïne lui donne le sentiment qu'il saura maîtriser quiconque s'y trouvera. Il escalade la façade, tente de défaire silencieusement la moustiquaire qui bloque le passage de la fenêtre, en vain. Il est obligé d'enlever un gant pour réussir son entreprise, ce qu'il évite généralement de faire pour ne pas laisser d'empreintes. Discret comme une ombre, il se faufile à l'intérieur. Dans la pénombre, il comprend vite que la vieille dame qui vit là, Jennie Vincow, ne possède pas d'objets de valeur. Ce constat fait monter en lui une rage incontrôlable.

Un instant plus tard, il se tient au-dessus de Jennie, immobile, et l'observe respirer dans son sommeil. Dans sa main, il tient son couteau de chasse juste au-dessus de la vieille femme de 79 ans. Son bras se lève, la lame brille un instant avant de plonger avec vigueur dans le thorax de Jennie. La vieille dame se réveille en sursaut, veut crier, son hurlement est immédiatement étouffé par la main de Ramirez, qui se penche au-dessus d'elle et continue d'actionner son bras par va-et-vient rapides, plantant le couteau à de multiples reprises dans sa poitrine, son cou, sa tête. Jennie se débat, lève les bras dans une vaine tentative de repousser son agresseur, mais c'est peine perdue. Ramirez place la lame sur le côté de son cou et, d'un geste expert, lui tranche la gorge si profondément qu'elle en est presque décapitée. Le sang gicle et bouillonne par la plaie béante, Jenny s'étouffe dans son sang.

Ramirez s'arrête, le cœur battant. Les gargarismes involontaires de sa victime, la tiédeur du sang sous ses doigts, l'odeur de fer qui s'en dégage... Une puissante érection gonfle dans son pantalon. Pendant près d'une heure, il reste dans la chambre, penché sur le corps de la vieille dame, et se masturbe. Jouit.

Va se servir un verre d'eau. Puis recommence. Enfin, il se lave les mains pour se débarrasser du sang dans le lavabo, s'empare d'un petit autoradio et quitte l'appartement, sans bruit.

Le lendemain, à l'heure du déjeuner, c'est le fils de Jennie, Jack Vincow, qui découvre l'horrible scène.

Ce meurtre, qui a longtemps été considéré comme le premier de Richard Ramirez, initie ce qui sera le mode opératoire du tueur en série. Le fait d'avoir été capable de tuer sans être inquiété donne souvent aux criminels un sentiment de toute-puissance difficile à réfréner. Si, en procédant ainsi, il a pu échapper à la justice en toute impunité, la logique voudrait qu'en recommençant de la même manière, l'issue lui soit toujours aussi favorable.

Craignant cependant que la coke ne le conduise à commettre des erreurs, il décide de ne plus en prendre lorsqu'il partira à la recherche de nouvelles victimes. Dès lors, il ne s'autorise que les joints et l'alcool quand il se met en chasse. Il s'habille entièrement de noir, avec une casquette floquée AC/DC pour dissimuler son visage. Généralement, il commence par dérober une voiture à un conducteur imprudent ayant laissé ses clés sur le contact – une pratique très courante à l'époque –, puis il conduit en écoutant l'album *Highway to Hell* d'AC/DC avec son Walkman, et parcourt les rues de la ville en quête d'une opportunité.

Dans la soirée du 17 mars 1985, Richard Ramirez conduit sur l'autoroute lorsqu'il remarque une belle jeune femme brune dans une voiture dorée devant lui. Il décide de la suivre et s'engage derrière elle lorsqu'elle sort pour rejoindre son domicile à Rosemead.

Maria Hernandez, 22 ans, range sa voiture dans le garage de l'appartement qu'elle partage avec une autre jeune femme, Dayle Yoshie Okazaki, 34 ans. Maria ne remarque pas que, derrière elle, le véhicule de Ramirez vient de s'immobiliser. Elle pousse le bouton de fermeture automatique du garage et se tourne pour rentrer par la porte intérieure. Alors qu'elle met la clé dans la serrure, elle entend un bruit. C'est la casquette AC/DC de Ramirez qui vient de tomber sur le sol tandis qu'il se penchait pour suivre la jeune femme avant que la porte ne se referme. Il pointe le revolver .22 qu'il vient d'acheter dans sa direction. Maria n'a que le temps de lever les mains devant son visage et de crier avant que le coup ne parte. Elle s'effondre. Le tueur pousse son corps du pied pour accéder à la porte et pénètre dans la maison, où il se doute qu'une seconde personne est présente à cause de la voiture déjà garée devant. À l'intérieur, il aperçoit une forme qui se cache derrière le comptoir de la cuisine. C'est Dayle Okazaki, qui a entendu le coup de feu et qui ne sait pas encore ce qu'il se passe. Silencieusement, Ramirez prend le temps de viser et lorsque Dayle, terrifiée, tente de jeter un œil au-dessus du comptoir, elle reçoit une balle en plein front. La précision du tir ne lui a laissé aucune chance. Dayle tombe à la renverse, morte sur le coup.

Au même moment, dans le garage, Maria Hernandez se redresse. Par miracle, elle n'a pas été touchée, la balle a rebondi sur les clés qu'elle tenait dans ses mains et qu'elle avait levées devant elle au moment de l'impact. Elle ouvre la porte du garage et s'enfuit en courant. Ramirez surgit par la porte de devant. Dérouté de voir la jeune femme en vie, il la vise avec son arme, mais ne tire pas. Il se précipite dans sa voiture et repart en trombe. C'est sur la route qu'il réalise qu'il a laissé derrière lui sa précieuse casquette AC/DC...

Le tueur sait qu'il a commis plusieurs erreurs graves. Mais l'adrénaline est toujours là. Sur l'autoroute, il se met à suivre le véhicule d'une autre jeune femme, Tsai-Lian Yu. Au bout d'un moment, la trentenaire remarque le manège de Ramirez. Alors qu'ils sont arrêtés à un feu rouge, elle décide de le confronter. Ramirez sort de sa voiture, se penche à la fenêtre de Tsai-Lian, répond à ses interrogations en faisant croire qu'il l'a prise pour quelqu'un d'autre. Mais la jeune femme ne le croit pas et le menace d'appeler la police. Avec une rapidité déconcertante, Ramirez bondit de l'autre côté de la voiture. Son regard acéré a remarqué que cette portière-là n'était pas verrouillée. Tsai-Lian Yu s'est elle aussi lancée dans la même direction, pour tenter d'abaisser le bouton de fermeture, mais le prédateur l'a devancée. Il se glisse dans la voiture et tire un premier coup de feu, qui l'atteint au côté droit du torse. Elle hurle, ouvre sa portière, s'effondre sur le goudron, tente de s'enfuir. Derrière elle, Ramirez tend à nouveau son arme, et lui tire dans le dos. Tsai-Lian s'appuie sur ses coudes pour tenter d'extraire ses jambes de la voiture. Hilare, Ramirez n'attend même pas. Il remonte dans sa voiture volée et disparaît, sans même apercevoir le couple qui a assisté à la scène, un peu plus loin sur North Alhambra Avenue.

Aussitôt, le jeune homme témoin de la scène, Jorge Gallegos, se précipite vers Tsai-Lian. Sa petite amie, Edith Alcaaz, est rejointe par son cousin qui vit dans un appartement au-dessus de la rue et qui a lui aussi assisté au drame depuis son balcon, alerté par les cris de la victime. Il a immédiatement appelé la police, qui ne tarde pas à arriver, tandis que de plus en plus de curieux entourent le corps allongé sur la chaussée.

Tsai-Lian est toujours en vie, mais son pouls est très faible. Après plusieurs arrêts cardiaques lors de son transport en ambulance, la jeune femme est déclarée morte à son arrivée à l'hôpital Garfield.

Un lien est rapidement établi entre les deux affaires. L'analyse balistique semble confirmer l'hypothèse. Bien que la balle ayant touché Dayle Okazaki soit trop abîmée pour l'affirmer avec certitude, il y a de fortes probabilités que ce soit la même qui ait été utilisée pour tuer Okazaki et Tsai-Lian Yu. Les différents témoignages de Maria Hernandez, Jorge Gallegos et Edith Alcaaz permettent également de dresser un premier portrait-robot de celui que la presse nomme désormais

« The Walk-in Killer » : l'homme a des cheveux bruns frisés, des yeux globuleux et des dents pourries, espacées.

Désormais, le chasseur est lui aussi traqué. Certains des meilleurs enquêteurs de la région sont à ses trousses, dont Gil Carrillo et Frank Salerno.

La réputation de Salerno le précède : à Los Angeles, on le surnomme « le Bouledogue », car quand il tient une piste, il ne lâche rien. Il a notamment enquêté sur l'affaire de l'Étrangleur des Collines, menant à l'arrestation des cousins Kenneth Bianchi et Angelo Buono Jr. Le fait divers avait terrorisé la population de LA à la fin des années 1970, alors que des jeunes femmes étaient enlevées et retrouvées étranglées dans les monts entourant la ville.

Gil Carrillo, lui, n'a pas encore fait ses preuves aux yeux de ses collègues, qui ne croient pas à l'intuition qui lui fait dire que toutes les attaques sont liées. Cependant, à force de persévérance et d'efforts, il démontrera par la suite ses grandes qualités d'enquêteur.

Dans la nuit du 27 mars 1985, Richard Ramirez décide de retourner dans une demeure du riche quartier de Whittier, qu'il avait déjà cambriolée un an plus tôt. Il en fait discrètement le tour par le jardin, observant par les fenêtres les deux propriétaires endormis à l'intérieur. Vincent Zazzara, 64 ans, est assoupi dans le salon sur son canapé, devant la télévision encore allumée. Sa femme de 44 ans, Maxine, dort profondément dans la chambre. Ramirez repère une fenêtre ouverte qui, bien que munie d'une moustiquaire, ne l'arrête pas longtemps. Son corps mince glisse à l'intérieur tel un serpent. Dans la pénombre, il s'approche de Vincent, le revolver braqué devant lui. Sans hésiter, il tire en pleine tête. Vincent est sonné par l'impact. La balle a causé des dommages considérables dans son cerveau. Il tente tant bien que mal de se lever mais s'écroule.

De l'autre côté de la maison, Maxine est réveillée en sursaut. À peine quelques secondes plus tard, elle voit Ramirez surgir dans sa chambre, vociférant. Il la presse de lui montrer où sont ses bijoux, ponctuant ses phrases d'insultes et lui ordonnant de ne pas le regarder. Maxine l'affronte. Elle refuse de lui indiquer où sont cachés ses objets de valeur et lui ordonne de déguerpir. Ramirez entre dans une rage folle. Il fait pleuvoir ses poings sur le ventre de Maxine, puis se saisit d'une cravate dans la penderie pour lui attacher les mains dans le dos. Ensuite, il commence à tout retourner dans la chambre et dans la maison, piochant des objets et les fourrant dans une taie d'oreiller. Maxine Zazzara profite de cette occasion pour se libérer de ses liens et plonge sous le lit pour attraper un fusil que son mari y avait caché depuis leur dernier cambriolage. Prête à se défendre, elle poursuit Ramirez dans toutes les pièces et braque l'arme dans sa direction. Le tueur tend la main vers sa ceinture pour saisir son propre revolver, et Maxine appuie sur la détente. Un *clic* se fait entendre, mais le coup ne part pas. L'arme n'est pas chargée : Vincent en a retiré les balles en vue d'une visite de leurs petits-enfants le week-end précédent.

Ramirez voit rouge. Il se jette sur Maxine et, déchaînant sa rage, la cogne, encore et encore. Puis il l'abat de trois balles au niveau de la poitrine et du cou.

Il part ensuite chercher un long couteau de cuisine et la poignarde à de très nombreuses reprises – l'autopsie révélera qu'il a probablement continué à s'acharner longtemps après sa mort –, et tente sans succès de lui découper la cage thoracique, laissant une grande plaie en forme de *T* sur sa poitrine. Avec la pointe de son couteau, il sectionne les paupières de Maxine et lui retire ses globes oculaires. Il les place dans une petite boîte à bijoux qu'il emporte avec son butin, puis décampe.

Il se dépêche de rejoindre sa voiture, garée non loin, et roule jusqu'au Cecil Hotel, encore couvert du sang de Maxine. Lorsqu'il arrive près de l'établissement, il contourne la grande entrée pour se faufiler dans une ruelle adjacente, où il ôte ses vêtements, imbibés de sang poisseux, qu'il jette dans une benne à ordures. Ensuite, ne montrant aucun signe d'anxiété, il traverse le beau hall en marbre en direction de l'ascenseur, presque nu. Les quelques personnes encore – ou déjà – debout à cette heure ne lèvent même pas le nez. On est tellement habitué à ce genre de situation, au Cecil... Ramirez patiente en silence pendant que l'ascenseur le hisse sur treize étages. Il regagne sa chambre, ferme la porte derrière lui. Avec un sourire satisfait, il sort la boîte à bijoux contenant les yeux de Maxine Zazzara, la dépose sur son lit. Il rit.

Après une douche, Richard enfile des vêtements propres et termine sa nuit en rendant visite à son receleur, puis à une prostituée. Il est satisfait : encore une nuit passée au plus près du diable...

Deux jours plus tard, les corps du couple sont découverts par un de leurs amis. Les policiers, immédiatement dépêchés sur place, relèvent tous les indices laissés sur la scène du crime. L'un est particulièrement intéressant : des empreintes de chaussures, de la marque Avia, sur un parterre de fleurs en dessous de la fenêtre par laquelle le tueur s'est introduit. Des empreintes similaires ont déjà été relevées dans trois cas d'enlèvements et de viols sur mineurs. Pour autant, aucun lien n'est officiellement établi entre les crimes.

L'autopsie révèle que les balles qui ont tué Vincent et Maxine Zazzara sont des calibres .22. Gil Carrillo est tout de suite interpellé par cette information : il est convaincu que le tueur du couple de Whittier est le même individu en noir qui s'est attaqué aux jeunes femmes le 17 mars, le fameux « Walk-in Killer ». Que c'est également lui qui a enlevé, menotté et violé des gamins relâchés par la suite en plein Los Angeles. Mais ses collègues lui rient au nez. De plus, la balistique ne permet pas de confirmer que les balles retrouvées chez les Zazzara proviennent de la même arme que sur des affaires précédentes, elles sont trop endommagées. Carrillo est seul contre tous.

Après plus de deux semaines passées principalement enfermé dans sa chambre du Cecil Hotel à se droguer, à écouter sa musique et à se masturber en repensant aux meurtres ou en regardant le contenu de la boîte à bijoux des Zazzara, Richard Ramirez sort dans la rue et se rend au Cameo Theatre, un cinéma diffusant du porno vingt-quatre heures sur vingt-quatre. Puis, sortant de là, il allume un joint. Il a de nouveau envie de tuer.

La drogue n'est plus aussi excitante depuis qu'il a pris goût au meurtre. Ça, c'est la meilleure drogue du monde. Comme à son habitude, il vole une voiture, lance *Night Prowler*, la toute dernière chanson de son album favori d'AC/DC, *Highway to Hell*. Il affectionne particulièrement les paroles, parce qu'il s'y identifie :

T'as trop peur d'allumer ta lumière
Parce que tu as cette chose en tête.
Était-ce un bruit derrière la fenêtre ?
Quelle est cette ombre sous les stores ?
Tandis que t'es là, allongée et nue
Comme un corps dans une tombe
L'ambiance est suspendue
Alors que je me glisse dans ta chambre

Je suis ton rôdeur de la nuit, endormi le jour,
Ouais, je suis le rôdeur de la nuit,
dégage de mon chemin,
Méfie-toi du rôdeur de la nuit,
fais attention ce soir,
Oui, je suis le rôdeur de la nuit,
quand tu éteins la lumière

Je suis ton rôdeur de la nuit, je défonce ta porte
Je suis ton rôdeur de la nuit, je rampe sur ton sol

Je suis ton rôdeur de la nuit, je vais te détruire, oui, je le ferai[1].

Plus tard, l'amour de Ramirez pour leur musique portera grand préjudice aux membres du groupe, accusés à leur tour d'être satanistes et en partie responsables des crimes du Night Stalker, le « Traqueur de la Nuit ». Lors de leur tournée sur la côte Ouest en 1985, AC/DC doit annuler une date, se voit refuser l'accès à plusieurs hôtels et est contraint de voyager dans un car anonymisé. Chez les disquaires, des avertissements sont collés sur tous leurs albums.

1. Paroles de Angus Mckinnon Young, Malcolm Mitchell Young, Ronald Scott © J. Albert And Son Pty Ltd. Traduction de l'anglais par l'autrice.

16

RICHARD RAMIREZ,
le traqueur traqué

La route de Ramirez le ramène à Monterey Park le 14 mai 1985, là où quelques semaines plus tôt il a abattu Tsai-Lian Yu. Il gare sa voiture, commence à arpenter l'avenue Trumbower, et s'arrête devant le domicile de William – dit « Bill » – Doi et de sa femme Lillian. Après avoir contourné la maison par l'arrière, il trouve une ouverture qu'il peut forcer sans bruit. Comme d'habitude, vêtu entièrement de noir, il se meut aussi discrètement qu'une ombre.

À l'intérieur, tout est calme. Il pénètre dans la première chambre. Dans la pénombre, il aperçoit une femme assoupie dans son lit. À ses côtés, un fauteuil roulant. Ramirez comprend qu'elle est handicapée, c'est une aubaine pour lui. Il passe dans la chambre d'à côté, où se trouve Bill, lui aussi endormi. Ramirez arme son nouveau revolver .22 et tire en plein dans le visage de l'homme. La balle traverse la bouche et le palais de Bill, mais ne le tue pas. L'assassin tente de tirer une seconde fois mais son arme s'enraye. Il se jette alors sur sa victime de 66 ans qu'il roue de coups avec une fureur démoniaque, jusqu'à ce que William Doi tombe inconscient.

Ramirez se précipite ensuite sur Lillian. La femme de 56 ans a été réveillée en sursaut par le coup de feu, puis par le passage à tabac de son époux, auquel elle a assisté impuissante. L'agresseur lui décoche un grand coup dans la mâchoire en lui hurlant de se taire et de ne pas le regarder. Il lui passe des menottes à pouces puis commence à retourner la chambre, à la recherche de bijoux et objets à revendre.

Lorsqu'il a terminé, excité par la violence des dernières minutes, il la viole. Puis il ramasse son butin et s'enfuit, laissant la vie sauve à sa victime. Bill reprend conscience quelques minutes après le départ de Ramirez. Terrorisé, il rassemble toutes ses forces pour se traîner dans la chambre de sa femme, qu'il aperçoit en vie, mais sous le choc, menottée dans son lit. Dans un ultime effort, il parvient à atteindre le téléphone pour joindre les secours. À leur arrivée cependant, Bill est de nouveau inconscient. Il a perdu énormément de sang. Il est transporté en urgence à l'hôpital, mais les médecins ne parviennent pas à le réanimer.

Lillian, de son côté, est incapable d'articuler le moindre mot tant elle est secouée de tremblements. Ce n'est qu'un peu plus tard qu'elle parviendra à décrire « l'homme en noir aux dents pourries » qui les a agressés.

Les policiers de Monterey Park prennent immédiatement en charge le dossier, refusant de communiquer avec les autres services de police de la ville. Aussi, lorsqu'ils découvrent des empreintes de chaussures Avia dans le jardin des Doi, personne ne fait le lien avec les précédentes affaires. Ramirez n'avait peut-être pas complètement tort quand il pensait être protégé par une force surnaturelle...

Dans la soirée du 29 mai 1985, Richard Ramirez assassine deux sœurs âgées dans un déferlement de violence. Fait rare chez un tueur en série, il ne vise pas spécialement les personnes les plus faibles, les plus riches ou une catégorie de victimes qui l'excite sexuellement. Au contraire, il frappe sans distinction.

Mabel Bell – dite « Ma » – et Florence Lang – dite « Nettie » – vivaient ensemble dans une maisonnette isolée sur les hauteurs de Los Angeles, dans la ville de Monrovia. Après s'être introduit en douce, Ramirez débute son entreprise macabre avec Nettie, femme handicapée de 81 ans. Il s'empare d'un marteau trouvé dans la cuisine et lui fracasse le crâne dans son sommeil puis lui attache les mains dans le dos avec le câble électrique d'un réveil. Il passe ensuite rapidement à la chambre de Mabel, 83 ans, où il procède de la même manière. Comme d'habitude, cette explosion de violence excite le tueur, qui retourne dans la chambre de la vieille dame handicapée et la viole. Ramirez sait qu'il ne risque pas d'être dérangé dans ce lieu isolé, au beau milieu de la nuit. Il prend son temps, mange une banane, boit une canette de soda puis, alors qu'il trouve un tube de rouge à lèvres en fouillant dans les affaires des deux sœurs, une idée lui vient. Avec le rouge, il dessine, sur la cuisse de Ma, un pentagramme inversé, symbole – entre autres – satanique. Il en ajoute deux autres, sur un des murs de la chambre de chacune de ses deux victimes, avant de disparaître dans la nuit.

Cette virée sanglante ne l'a pas rassasié. Dès le lendemain, le 30 mai 1985, il repart en chasse. Dans la nuit, il s'introduit chez Carol Kyle, 42 ans, une veuve mère de deux enfants. Une nuit d'enfer commence pour Carol et son petit garçon de 11 ans, Mark. Ramirez les réveille tous les deux en leur pointant son arme sur le visage. Il les ligote ensemble, s'assure que personne d'autre ne se trouve dans la maison. Il retourne tout à la recherche de bijoux ou d'argent, mais Carol n'a que très peu de biens. Depuis le décès de son époux dans un crash aérien six ans plus tôt, elle a dû élever seule ses enfants, et son job d'infirmière suffit tout juste à leurs besoins.

Le cambrioleur ne la croit pas. Lorsqu'il la menace de s'en prendre à son fils, Carol le supplie de le laisser sain et sauf. Elle propose de se soumettre à lui s'il épargne toute violence à Mark. Étrangement, Ramirez, qui pourtant méprise les femmes, semble se plier à sa volonté. Il menotte les mains du garçon et l'enferme dans un placard, juste avant de violer Carol dans la pièce adjacente. Finalement, il repart en laissant la vie sauve à la mère comme au fils, non sans les menacer de revenir si jamais ils parlent à la police. À l'aube, Ramirez remonte enfin à bord de sa Mercedes volée. Les feux arrière de sa voiture disparaissent au loin lorsque le petit Mark parvient à attraper le combiné du téléphone pour appeler les secours.

À Monrovia, les corps de Mabel Bell et de Florence Lang gisent toujours telles d'affreuses poupées de cire mutilées, sans que personne ne les ait découverts. C'est un voisin qui, intrigué de ne pas voir les deux vieilles dames dans leur jardin, se décide à entrer. La porte est ouverte, mais cela n'étonne pas le voisin, car Mabel refusait toujours de la fermer à clé. Une fois à l'intérieur, il découvre l'horrible scène. Les secours interviennent et, à la surprise de tout le monde, constatent que les deux vieilles dames sont encore vivantes, quoique à l'article de la mort. Elles sont transportées de toute urgence à l'hôpital, où Mabel Bell décède des suites de ses blessures.

Le premier jour du mois de juin, Ramirez tente de pénétrer dans une maison de Pico Rivera. Il est chassé par ses occupants, un adjoint du shérif de Los Angeles et sa femme. Immédiatement, les alentours de leur domicile sont passés au peigne fin par les enquêteurs qui découvrent, sous la fenêtre, une empreinte de chaussure Avia.

Quelques heures plus tard, le tueur en série tente d'enlever une jeune femme à Eagle Rock, mais de nouveau, il échoue. Des officiers de police se lancent à la recherche du suspect, un homme en noir. L'un d'entre eux croise par hasard, sur la route, le chemin de Ramirez. Constatant qu'il correspond à la description de l'individu recherché, il l'arrête, le questionne, quand subitement Ramirez s'échappe en courant. Une course-poursuite débute mais le policier perd la trace du suspect. L'homme en noir a cependant laissé derrière lui son véhicule, une Toyota bleue volée. À l'intérieur, on retrouve un pentacle gravé sur le tableau de bord, 100 dollars en cash et une carte de rendez-vous chez un dentiste de Downtown. Les enquêteurs Gil Carrillo et Frank Salerno pressentent désormais que toutes les affaires dont ils ont entendu parler ces dernières semaines, bien qu'elles soient traitées par différentes juridictions, sont liées. Deux pistes intéressantes s'offrent à eux : celle des chaussures Avia, et celle d'un patient du dentiste Peter Leung. Sans que Ramirez en ait conscience, l'étau se resserre.

Le 2 juillet 1985, Ramirez assassine Mary Louise Cannon, 75 ans, alors qu'elle dort dans sa petite maison à Arcadia. Comme à son habitude, il quitte les lieux après s'être vaguement nettoyé les mains et avoir dérobé tout ce qui pouvait valoir quelques dollars.

Encore une fois, les policiers découvrent un petit bout de tissu imprégné de sang, sur lequel le tueur a laissé une empreinte de chaussure reconnaissable entre mille : celle d'un modèle Avia. Il n'y a plus beaucoup de doutes sur le fait qu'un dangereux tueur en série rôde dans les environs de Los Angeles, mais la presse commence tout juste à publier ses premiers articles sur les affaires, sans établir de lien entre elles. Ramirez sait désormais que la police est à ses trousses, mais cela ne l'arrête absolument pas.

Dans la nuit du 4 au 5 juillet, à bord d'une nouvelle voiture volée, il prend tous les risques et retourne à Arcadia, puis juste au-dessus, dans les hauteurs de Sierra Madre. En chemin, il croise plusieurs fois des patrouilles de police, mais il reste calme. Il va se garer devant la maison de la famille Bennett.

Le couple s'est couché peu après minuit, ayant célébré le jour de l'Indépendance, la fête nationale américaine. Leur adolescente de 16 ans, Whitney, elle, est rentrée un peu plus tard après être sortie avec des amis. À peine allongée dans son lit, elle s'endort profondément.

Quelques instants plus tard, Ramirez se glisse dans sa chambre, regarde les côtes de Whitney se soulever doucement lorsqu'elle inspire. Il fait glisser sa main sur la table de chevet et récupère les bijoux que l'adolescente a déposés avant de se coucher. De l'autre main, il tient fermement un démonte-pneu. Doucement, Ramirez se place au-dessus de l'adolescente endormie et passe à l'attaque avec la vitesse d'un cobra. D'un geste rapide, il plaque sa paume sur la bouche de la jeune fille et, quasiment en même temps, lui assène un violent coup sur le crâne avec le tuyau de métal. Il répète l'opération plusieurs fois, puis l'envie de voir du sang jaillir de la gorge de l'adolescente le prend. Il descend dans la cuisine pour chercher un couteau mais ne trouve pas de lame suffisamment longue à son goût. Il remonte sur la pointe des pieds pour ne pas réveiller les parents de Whitney. Ramirez se résigne à chercher dans la chambre un autre moyen de tuer la jeune fille, pour pouvoir la violer ensuite sans craindre qu'elle se réveille et hurle.

Il finit par se saisir du fil électrique du téléphone et étrangle le corps inconscient de Whitney. Alors qu'il relâche son étreinte, Ramirez aperçoit une sorte d'aura bleue, peut-être de l'électricité, autour de la gorge nouée de Whitney... qui reprend une grande inspiration.

Le sataniste est subitement effrayé par cette hallucination qu'il interprète comme un message divin. Il s'enfuit précipitamment en sautant par la fenêtre et regagne sa voiture avant de détaler sur les chapeaux de roue.

Whitney Bennett ne reprendra conscience que quelques heures plus tard. À son réveil, elle n'a aucun souvenir de l'agression. Elle est défigurée et ses yeux sont si gonflés qu'elle peine à les ouvrir, mais elle aperçoit la mare de sang dans laquelle elle se trouve. Lorsqu'elle essaie de se lever, elle s'écroule en gémissant. Ses parents accourent, ils la découvrent en état de choc profond, hurlant à la mort avant de retomber à nouveau inconsciente. Près d'elle, le démonte-pneu recouvert de sang est toujours là...

Transportée à l'hôpital, la jeune fille est entre la vie et la mort. Elle a reçu plus d'une vingtaine de coups sur le crâne. Après 478 points de suture, les médecins affirment qu'elle est enfin hors de danger. C'est un vrai miracle.

Dans la chambre de l'adolescente, on retrouve sur l'édredon une empreinte complète de basket Avia.

Le 7 juillet, Joyce Nelson, une femme de 60 ans, est retrouvée assassinée à son domicile de Monterey Park. Elle a été battue à mort à coups de poing et de pied par un individu qui a laissé une empreinte nette de semelle de la marque Avia sur le visage de la victime.

La même nuit, à quelques rues de là, Sophie Dickman rencontre elle aussi Richard Ramirez dans d'horribles circonstances. Il s'est introduit en douce puis a réveillé la femme en lui hurlant des insultes et des menaces. Il lui demande de lui montrer où sont cachés ses biens et Sophie, qui a compris à qui elle avait affaire, se soumet immédiatement. Elle travaille en tant qu'infirmière dans un hôpital psychiatrique depuis trente-trois ans et sait qu'en face d'une personne aussi en colère, elle doit garder son calme et tout faire pour ne pas la frustrer. À deux reprises, Ramirez la jette sur le lit, l'attache et tente de la violer, mais il est incapable de bander. Il s'emporte, frappe Sophie, puis retourne les tiroirs à la recherche de quelque chose à voler. La sexagénaire lui parle très calmement. Elle accepte de jurer devant Satan qu'elle ne ment pas lorsqu'elle affirme ne plus avoir d'autres bijoux cachés.

Peut-être est-ce ce qui fait retomber l'excitation du tueur. Ce qu'il aime, d'habitude, c'est voir la peur, sentir qu'il domine une personne qui se débat. Et cette fois encore, sans que l'on sache pourquoi, il décampe en laissant sa victime en vie...

Grâce au témoignage de Sophie Dickman, le portrait du suspect s'affine. On sait désormais que c'est un homme de type hispanique, grand (au moins

1,80 mètre), brun aux cheveux bouclés, avec des dents très cariées. Il s'habille entièrement de noir et porte des chaussures Avia Aerobics pointure 46. Il est très agressif, porté sur la sodomie, apparemment sataniste. Son mode opératoire et la précision de ses tirs indiquent que c'est peut-être un vétéran du Vietnam. Seul son mobile reste nébuleux : il semble inconcevable qu'un criminel déchaîne une telle violence sur tout type de victime par pur plaisir.

Les recherches menées du côté des chaussures sont encourageantes : le modèle en question, qui ne peut être confondu avec aucun autre en raison du motif « gaufré » caractéristique des semelles, est très rare car la collection a fait un énorme flop. Sur les 1 354 paires qui ont été confectionnées, seules six ont été vendues à Los Angeles, dont seulement une pointure 46. Cela confirme que c'est bien le même criminel qui a laissé ses empreintes sur diverses scènes de crime. Et que toutes les affaires sont liées.

Le LAPD autorise enfin le bureau du shérif, dont font partie les détectives Carrillo et Salerno, à inspecter la Toyota bleue abandonnée par le suspect le soir de la tentative d'enlèvement à Eagle Rock. Comme elle a été laissée en plein soleil pendant des jours, tout espoir de retrouver des empreintes digitales est vain. Mais les détectives découvrent la carte de visite du dentiste. Ils savent qu'il y a là un coup à jouer.

Salerno et Carrillo rendent visite au docteur Peter Leung. Ils apprennent que le patient en question s'est présenté sous le nom de Richard Mena et qu'il doit revenir prochainement pour faire soigner des caries. Bien que n'ayant aucune garantie que cet individu soit celui qu'ils recherchent, les enquêteurs décident de placer deux officiers sous couverture dans le cabinet dentaire, au cas où le dénommé Mena se présenterait. Après plusieurs jours, les officiers sont réaffectés à d'autres missions par manque de moyens. Coïncidence effroyable : ce même jour, le fameux Mena revient se faire soigner les dents...

C'est à cette période que la presse commence à s'emparer de l'affaire. La police a confirmé qu'un tueur en série sévissait dans la région, et ses caractéristiques en font une mine d'or pour les articles les plus scabreux. La population découvre avec horreur les crimes de celui qu'on surnomme désormais le Night Stalker, le Traqueur de la Nuit. La psychose gagne tout Los Angeles.

Les vendeurs d'armes, de systèmes d'alarme et de chiens de garde font fortune. Même les détectives en charge de l'enquête ont peur. La femme de Gil Carrillo a préféré partir avec ses enfants chez sa mère le temps que le tueur en série soit attrapé. Frank Salerno, lui, place son arme de service juste à côté de son lit et accroche des canettes vides à toutes les ouvertures de sa maison. Au cas où.

Le 20 juillet 1985, Ramirez réveille Lela et Maxon Kneiding dans leur sommeil en leur fonçant dessus avec une machette. L'arme n'étant pas suffisamment aiguisée pour les décapiter, comme il l'espérait, il achève le couple avec son revolver .22, avant de disparaître, toujours en emportant avec lui quelques objets qu'il apporte directement à son receleur, sans même nettoyer le sang qui le recouvre.

Le receleur, comme tout Los Angeles, a lu les journaux et ne peut s'empêcher de faire quelques hypothèses... Et aider la police à serrer le Traqueur pourrait lui rapporter gros, songe-t-il.

De son côté, Richard Ramirez est presque déçu. Tuer des gens en leur tirant dessus ne lui procure plus autant de plaisir qu'avant. Il veut s'amuser encore plus... Trancher de la chair avec sa lame, voir le sang jaillir sur plusieurs mètres, sentir de nouveau cette excitation gonfler son sexe à la vue des entrailles et de l'hémoglobine.

Il fait encore nuit, il repart en chasse aussitôt. Direction Sun Valley. Il est plus de 4 heures du matin quand il s'arrête devant la petite maison de la famille Khovananth, des immigrés thaïlandais installés à Los Angeles depuis dix ans. Après être entré par une baie vitrée qui n'était pas verrouillée, il commence par abattre Chainarong, le père de famille, d'une balle de revolver .25 dans la tête. Puis il s'attaque à sa femme, Somkid. Il la frappe, l'insulte, la viole une première fois, juste à côté de son mari décédé. Il la traîne par les cheveux de pièce en pièce pour qu'elle lui montre où sont cachés ses objets les plus précieux. Entre-temps, Ramirez s'est aussi assuré de neutraliser le fils du couple, un petit garçon de 8 ans, qu'il a ligoté et bâillonné dans sa chambre. Il force Somkid à s'asseoir sur une chaise et à lui faire une fellation. Puis il recommence à tout retourner dans la maison avant de revenir la sodomiser. Lorsqu'elle le supplie de partir et qu'elle promet qu'elle ne lui cache plus rien, il le lui fait jurer sur Satan. Somkid Khovananth lui jure sur tout ce qu'il veut. Il l'allonge sur le sol, lui ligote les jambes puis s'évapore aussi brusquement qu'il a surgi.

À l'aube, Ramirez rentre dormir dans sa chambre, en haut du Cecil Hotel, satisfait de sa nuit. Dans les jours qui suivent, il y reste enfermé, fume, écoute du metal et se masturbe en repensant à Somkid Khovananth. Personne ne se doute, dans l'hôtel, que le fameux Traqueur de la Nuit est juste là, entre ces murs...

La police continue sa traque, et Ramirez ses crimes... Au début du mois d'août, il s'introduit chez Chris et Virginia Peterson. Il leur tire avec son .25 en plein visage, mais tous les deux survivent à cette attaque.

Deux jours plus tard, Ramirez est furieux. Après l'échec de sa dernière intrusion et tentative de meurtre, Salerno a sous-entendu dans la presse que le Night Stalker était un lâche. Il décide de leur prouver le contraire.

Chez Elyas et Sakina Abowath, à Diamond Bar, il réitère le même scénario que chez les Khovananth. Il commence par tuer Elyas d'une balle dans la tête, puis saute sur sa femme Sakina et la bat avant de la violer puis de la forcer à lui montrer où se trouvent leurs objets de valeur.

17

RICHARD RAMIREZ, la chute

Ramirez sait désormais que tout le monde le cherche à Los Angeles. La récompense pour sa capture s'élève à 80 000 dollars, une somme record à l'époque. Il commence aussi à se méfier des personnes qu'il côtoie près de la station d'autocars Greyhound. Les dealers, les receleurs, les toxicos, les prostitués... Tout ce petit monde pourrait bien finir par avoir des doutes et le balancer.

Il file à San Francisco, pour l'instant préservée de la terreur semée par le Traqueur. Il sait que là-bas, il sera plus aisé pour lui de cambrioler... et de tuer.

Le 18 août 1985, Ramirez reprend ses vieilles habitudes. Après avoir tourné dans les rues au volant d'une voiture volée, AC/DC à fond dans les oreilles, il coupe le moteur de sa Mercedes devant la maison de Peter et Barbara Pan, dans le quartier de Lakeside.

Il commence par se débarrasser de Peter en lui tirant une balle directement dans la tempe. L'homme de 66 ans décède sur le coup. Puis Ramirez passe à Barbara, 62 ans, qu'il tabasse et viole avant de lui tirer une balle dans le crâne et de s'enfuir aussitôt.

C'est leur fils David qui découvre la scène le lendemain dans la matinée, la maison retournée par la furie du tueur, son père décédé et sa mère laissée pour morte. Sur un des murs, le tueur a dessiné un pentagramme à l'envers et inscrit les mots « JACK THE KNIFE ».

Très vite, les autorités de San Francisco font le rapprochement avec le Traqueur de la Nuit et se mettent en relation avec les unités de Los Angeles. Le mode opératoire selon lequel les Pan ont été attaqués semble indiquer que le Night Stalker rôde désormais dans la baie de Frisco.

À la suite de ce drame, la mairesse de San Francisco, Dianne Feinstein, donne une conférence de presse dans laquelle, croyant rassurer la population, elle commet une erreur monumentale. Elle révèle les avancées des enquêteurs et les similitudes entre les affaires de Los Angeles et l'attaque au domicile des Pan, notamment grâce à l'analyse balistique et l'étude des empreintes de pas.

Cette conférence ayant été diffusée à la télévision et reprise ensuite partout dans les journaux, les enquêteurs comprennent que dorénavant, le tueur ne portera plus ses chaussures Avia et qu'il risque de changer d'arme pour brouiller les pistes, avant de s'évanouir dans la nature.

Le soir même, Richard Ramirez se rend sur le célèbre Golden Gate Bridge. Il marche jusqu'au milieu du pont, s'accoude au rebord et jette un regard sur l'eau, balayée par un fort courant. On y voit régulièrement le dos des baleines grises qui remontent à la surface, produisant un geyser d'eau silencieux. Au loin dans la baie se découpe la silhouette noire de l'île d'Alcatraz, sur laquelle se trouve la mythique prison désertée depuis près de vingt ans. Mais ce n'est pas ce qui préoccupe Ramirez. Sa paire d'Avia à la main, il lâche ses chaussures du haut du pont. Avec le courant, elles disparaîtront à jamais.

En rebroussant chemin, il réfléchit. Finalement, San Francisco n'est pas une ville faite pour lui. Il décide de repartir vers Los Angeles. À son retour, il sait qu'il ne doit pas remettre les pieds à Skid Row. Trop de personnes risquent de le reconnaître. Il loue une chambre à Chinatown, un quartier très peuplé dans lequel il compte bien se fondre.

Le 24 août, Ramirez vole une Toyota orange et se remet en chasse. Il roule en direction de Mission Viejo, une ville au sud de Los Angeles où il espère trouver des habitants moins méfiants et des victimes faciles. Sur l'avenue Chrisanta Drive, il gare son véhicule et part rôder autour des maisons.

Dans l'une d'elles, James Romero Junior, un jeune garçon âgé de 13 ans, capte sa présence derrière la fenêtre. Il observe le manège de cet homme au comportement suspect avec un mauvais pressentiment. L'homme en noir s'approche. L'adolescent sent son cœur s'emballer. Il fonce prévenir son père, James Romero, qu'un cambrioleur semble chercher un moyen d'entrer. James se précipite dehors et n'a que le temps de voir une silhouette s'enfuir et remonter à bord d'un véhicule orange. L'homme note immédiatement le type de voiture, sa couleur ainsi qu'une partie de la plaque d'immatriculation et prévient la police.

Pendant ce temps, Ramirez s'enfuit quelques rues plus loin. Il jette son dévolu sur une autre demeure. À l'intérieur, Bill Carns et sa petite amie Inez Erikson sont endormis. Un bruit réveille soudain Bill, qui voit le faisceau lumineux d'une lampe de poche. Son sang ne fait qu'un tour, il jaillit hors de son lit en direction de l'intrus, prêt à se battre. Ramirez dégaine son arme et lui tire une balle en plein visage. Quelques secondes après, il lui en tire deux autres et Bill s'effondre.

Dans l'obscurité de la chambre, Ramirez discerne une forme sous la couette, qu'il soulève d'un coup sec, et découvre Inez, terrorisée.

« *Tu sais qui je suis ?*

– *Non ! Qui êtes-vous ?*

– *Je suis le Traqueur de la Nuit.*

– *Oh mon Dieu, non !*

– *Ne dis pas Dieu. Dis Satan. Dis-moi que tu vénères Satan !* »

Inez joue le jeu. Ramirez l'empoigne, l'extirpe hors du lit. Il la frappe, l'oblige à l'emmener là où le couple cache ses biens. La jeune femme de 29 ans s'exécute. Elle est terrifiée, ce qui excite le tueur. Il dévalise la maison, ouvrant les tiroirs, renversant les meubles, riant à chaque sanglot d'Inez tel un démon. Enfin, il la traîne dans une autre pièce, où il la déshabille et la viole avec bestialité.

Puis Ramirez lui attache les mains et la frappe, il veut lui faire avouer où sont cachés d'autres bijoux. Inez jure, sur Satan, qu'il n'y en a plus. Il continue de la menacer, lui ordonne de dire qu'elle aime Satan. Inez Erikson répète après lui. Puis le silence retombe. Le Traqueur a disparu.

Après plusieurs minutes d'attente pour être sûre que le tueur ne reviendra pas, Inez défait ses liens et court auprès de son petit ami, inconscient sur le sol. Elle se précipite sur le téléphone pour appeler les secours, mais la ligne a été arrachée. La jeune femme court tambouriner à la porte de ses voisins pour obtenir de l'aide. Quelques minutes plus tard, une ambulance arrive. Bill Carns est emmené aux urgences où deux balles sont extraites de son cerveau. La troisième est logée dans une zone inatteignable, mais Bill est sauvé.

Pendant ce temps, le Night Stalker est reparti à Los Angeles par l'autoroute. Il se rend dans le quartier de Wildshire, à moins de deux kilomètres de Beverly Hills, et abandonne la Toyota orange sur le parking d'un petit centre commercial. Avant de partir, il prend le temps d'essuyer le volant pour effacer ses empreintes, puis grimpe dans un autobus en direction de Chinatown.

À partir des 27 et 28 août 1985, l'enquête s'accélère. Grâce aux témoignages des Romero père et fils, on localise la Toyota. Malgré les précautions du Traqueur, on retrouve une empreinte digitale sur le miroir d'un rétroviseur.

Les langues se délient dans l'entourage peu recommandable de Ramirez. Plusieurs individus sont auditionnés, rapportant chacun des bribes d'informations sur le fameux Rick qu'ils côtoient près de la gare routière. Selon eux, c'est un cambrioleur aux dents pourries, toujours habillé de noir et qui parle sans arrêt de Satan. La boutique du receleur à qui le fameux Rick vendait ses butins est perquisitionné. De nombreux objets appartenant aux victimes du tueur sont retrouvés chez lui.

Les enquêteurs finissent par obtenir un nom complet : le suspect est un dénommé Rick, ou Ricardo, ou Richard, Ramirez. L'empreinte retrouvée dans la Toyota volée finit par livrer un nom : Richard Ramirez, originaire d'El Paso, plusieurs fois interpellé pour des petits délits de cambriolage.

Cette fois, les enquêteurs sont sûrs de tenir leur homme. Faut-il diffuser sa photo et son identité dans les médias ? L'idée divise. Frank Salerno et Gil Carrillo sont contre. Avec toutes les informations qu'ils détiennent, ce n'est plus qu'une question d'heures avant de pouvoir appréhender le suspect. Mais s'il se sait identifié, il risque de prendre la fuite loin de Los Angeles. D'un autre côté, les policiers ne veulent pas prendre le risque que Ramirez fasse une victime supplémentaire. Il leur faut donc informer la population.

Le 29 août 1985, lors d'une conférence de presse, le shérif Block s'avance devant une foule de journalistes surexcités. Il révèle l'identité de Richard Muñoz Ramirez et s'adresse directement à lui :

« Nous savons qui vous êtes, et bientôt tout le monde le saura aussi. Vous n'aurez nulle part où vous cacher. »

Richard Ramirez a pris un car pour Tucson, en Arizona. Non pas qu'il tente de fuir, car il ignore que son nom et sa tête feront bientôt la une de tous les journaux, mais parce qu'il a décidé de rendre visite à son frère Robert. N'ayant pas prévenu de son passage, Ramirez passe un coup de fil depuis la gare routière, une fois arrivé en Arizona. Son frère est absent. Il hésite. Doit-il poursuivre sa route pour rendre visite à sa mère à El Paso, ou rentrer à Los Angeles ? Le prix des billets choisit pour lui. Retour à Los Angeles.

Il monte dans un car de nuit, le 30 août au soir, toujours sans savoir qu'il est activement recherché.

Le lendemain matin, il arrive aux alentours de 7 h 45 à Los Angeles. Au terminal, plusieurs policiers guettent l'éventuelle présence de Ramirez, qui pourrait tenter de quitter la ville. Mais ils ne prêtent pas attention aux passagers qui débarquent et le tueur passe devant eux sans être repéré, et toujours sans avoir conscience qu'il est l'homme le plus recherché de Californie.

Dehors, il parcourt plusieurs dizaines de mètres avant d'entrer dans une épicerie pour s'acheter un petit déjeuner. Du coin de l'œil, il remarque un groupe de vieilles dames d'origine mexicaine qui le dévisagent et commencent à se pousser du coude en susurrant « *El matador ! El matador !* » (« Le tueur ! Le tueur ! »). Bizarre. Ramirez pivote pour leur tourner le dos quand son regard tombe sur la une de *La Opinión*... où son portrait est imprimé en pleine page.

Sans réfléchir, comme par automatisme, les jambes de Ramirez se détendent tel un ressort. Il sort en trombe du magasin et s'élance dans la rue, tandis que derrière lui plusieurs personnes sortent et que le gérant de la supérette empoigne son téléphone pour appeler la police.

Une longue fuite commence pour le Traqueur de la Nuit. À plusieurs reprises, il tente de voler une voiture en ouvrant la portière et en tirant son conducteur hors de l'habitacle. Mais il échoue, et à chaque fois il perd de précieux instants pendant lesquels les gens lancés à sa poursuite se rapprochent dangereusement de lui. Alors il repart, saute par-dessus des clôtures, traverse des jardins, manque de se faire renverser en traversant une route... Il s'approche d'un bus dans lequel il veut monter pour s'échapper mais constate aux regards des passagers que tout le monde connaît désormais son visage. Il n'y a plus aucune échappatoire. Pourtant il reprend sa course, essaie encore une fois de grimper dans une voiture. Plusieurs hommes sont sur ses talons, et l'un d'eux tient une grosse barre en métal. Il frappe Ramirez, qui roule sur le béton poussiéreux et déjà chaud. L'homme lui assène un deuxième coup pour s'assurer que le tueur n'ira pas plus loin.

Ramirez est sonné. Il ne comprend pas vraiment ce qu'il fait là, ni pourquoi une foule compacte commence à s'amasser autour de lui.

Des sirènes de police fendent la foule. Un officier, qui ne sait pas encore exactement de quoi il retourne, s'approche, tenant la population à distance.

Le règne du Traqueur de la Nuit vient enfin de prendre fin, arrêté par la population. Les caméras des journalistes ont immortalisé ce moment intense où l'on peut voir Ramirez assis dans une voiture de police, la tête bandée de tulle, jeter un regard perdu autour de lui.

Lors de son interrogatoire, Ramirez reste silencieux. La vérité devra éclater pendant le procès.

En détention provisoire, il reçoit le soutien de sa famille, auprès de qui il clame son innocence, victime d'un coup monté par la police. Il commence à recevoir beaucoup de courrier, du monde entier. De satanistes qui le remercient et l'érigent en héros. De femmes aussi, beaucoup de femmes, tombées follement amoureuses de son *mugshot* et persuadées de son innocence.

Elles sont de plus en plus nombreuses à assister aux audiences préliminaires, venues parfois de loin pour voir de leurs propres yeux l'homme fascinant qu'est Ramirez. Un Ramirez qui ne rentre désormais plus la tête dans les épaules mais qui, au contraire, bombe le torse fièrement et exhibe un sourire parfait grâce aux soins dentaires qu'il a reçus en prison. Celui-là même qui s'écrie « *Heil Satan !* » en brandissant un pentagramme dessiné dans sa paume lorsqu'il quitte la salle, ou encore qui éclate de rire quand les policiers qui ont découvert le corps de Maxine Zazzara décrivent ses orbites vides.

Lui qui voulait initialement plaider coupable a fini par se rallier à l'avis de ses avocats qui l'ont convaincu qu'il peut gagner.

Tout le procès se déroule dans un climat constant de peur. Certains gardiens ont entendu Ramirez dire qu'il prévoyait de faire entrer une arme dans le tribunal par le biais de ses groupies afin de tirer sur le procureur, le public avant de se suicider. En réponse à cette crainte, des portiques de détection de métaux sont installés à l'entrée de la salle, et des gardiens fouillent les participants méticuleusement.

Le 14 août 1989, l'audience est suspendue en catastrophe car l'une des membres du jury, Phyllis Singletary, est absente. On la retrouve dans son appartement, tuée de deux balles dans la poitrine. Les membres du jury sont terrorisés : Ramirez a-t-il trouvé le moyen d'éliminer Phyllis pour entraver la procédure judiciaire ? L'enquête finira par révéler que son assassinat n'avait aucun rapport avec Ramirez. Le meurtrier était en réalité son petit ami, qui s'était lui-même suicidé dans une chambre d'hôtel peu après l'avoir tuée.

Mais la peur rôde autour du procès...

Un mois plus tard, le 20 septembre, Richard Ramirez est reconnu coupable de tous les faits qui lui sont reprochés : 13 meurtres, 5 tentatives de meurtre, 11 agressions sexuelles et 14 vols aggravés avec effraction.

Un mois et demi s'écoule encore avant que la peine accompagnant ce verdict ne soit prononcée. La sentence tombe le 7 novembre 1989 : Ramirez est condamné à la peine de mort par chambre à gaz.

Sa réaction est entrée dans l'histoire. Il a déclaré aux journalistes :

> « *Big deal. Death always went with the territory. See you in Disneyland. (Pas grave. La mort a toujours fait partie du jeu. On se reverra à Disneyland.)* »

À l'instar du gourou Charles Manson, qui a fondé sa propre « Famille » dans les années 1960 et manipulé ses fidèles au point de les pousser à assassiner l'actrice Sharon Tate, enceinte de 8 mois (et tous ses proches) lors d'un rituel sanglant, Ramirez a tant marqué les esprits que son personnage s'est ancré dans la culture populaire américaine.

Vente de *goodies* à l'effigie du tueur, création de pages internet à sa gloire, discussions enflammées sur des forums alimentés par de jeunes adolescentes entichées de son physique séduisant... Jeordie Osborne White, le bassiste du groupe Marilyn Manson and the Spooky Kids, prendra d'ailleurs le nom de scène de Twiggy Ramirez en référence à la mannequin emblématique des années 1960 et au Night Stalker.

En 1996, Richard Ramirez s'est marié en prison avec Doreen Lioy, une admiratrice de la première heure persuadée que son beau brun était innocent. Cette journaliste sans histoires, de cinq ans son aînée, l'a contacté par courrier juste après son arrestation et ils ont correspondu pendant des années. Doreen était éperdument amoureuse de Richard et défendait son « innocence » bec et ongles, allant jusqu'à dire qu'elle se suiciderait lors de son exécution.

En 2009, après que des preuves ADN ont démontré l'implication de Ramirez dans le viol et l'assassinat de la petite Mei Leung de 9 ans, Doreen Lioy a cessé de lui rendre visite.

Alors qu'il était toujours dans le couloir de la mort, Richard Ramirez est mort le 7 juin 2013, à l'âge de 53 ans, des suites d'un lymphome et d'une infection virale due à une hépatite C.

De son itinéraire criminel, Richard Ramirez, fidèle à son art de la *punchline*, conclura :

> « *Les tueurs en série font à petite échelle ce que le gouvernement fait à grande échelle. Ils sont les produits de notre époque et ce sont des temps sanguinaires. Même les psychopathes ont des émotions si vous creusez suffisamment. À moins qu'ils n'en aient pas.* »

> « *Ce n'est pas quelque chose que vous pouvez comprendre mais j'ai quelque chose à dire.* [...] *Je ne crois pas aux dogmes hypocrites et moralistes de cette société dite civilisée. Je n'ai pas besoin de regarder au-delà de cette salle pour voir tous les menteurs, les ennemis, les assassins, les escrocs, les lâches*

paranoïaques, de véritables trématodes de la Terre, chacun dans sa profession juridique. [...]

Vous ne me comprenez pas. Je ne m'attends pas à ce que vous me compreniez. Vous n'en êtes pas capables. Je suis au-delà de votre expérience. Je suis au-delà du Bien et du Mal. »

18

Défenestrations

Au Cecil Hotel, on saute aussi beaucoup par les fenêtres.

15 mars 1937. Une nouvelle tragédie frappe l'hôtel. Grace E. Magro, une jeune femme de 25 ans, est retrouvée agonisante au pied de l'établissement, au niveau du 640 South Main Street, après être tombée du 9e étage. Si le corps de Grace ne présente pas les blessures habituellement liées à ce type d'accident, c'est parce que dans sa chute, il a été retenu par des câbles téléphoniques qui se sont emmêlés autour d'elle comme les fils d'une toile d'araignée avant de s'arracher de leurs poteaux. La jeune femme décède peu de temps après à l'hôpital Georgia Street Receiving sans que les enquêteurs ne parviennent à déterminer si elle s'est suicidée ou si elle a été précipitée dans le vide par quelqu'un.

Les circonstances de sa mort sont nébuleuses. Cette nuit-là, Grace se trouvait avec un homme qui n'était pas son mari. Les enquêteurs ont déclaré que son compagnon de chambre, un dénommé M. W. Madison, marin de l'*USS Virginia*, dormait au moment des faits et qu'il n'avait aucune idée de la raison pour laquelle sa petite amie avait enjambé la fenêtre. Cette version a été corroborée par le manager de l'hôtel, J.B. Read, et l'enquête s'est arrêtée là. Une question demeure : comment diable le manager de l'hôtel aurait-il pu savoir si Madison était endormi à ce moment-là ?

Grace Magro a été enterrée au cimetière Odd Fellows du quartier Boyle Heights de Los Angeles. Dans les années 1980, ce même cimetière s'est retrouvé sous le feux des projecteurs à la suite d'une lugubre affaire : c'est là que furent enterrés 16 433 fœtus avortés et conservés illégalement dans un conteneur de stockage appartenant à un certain Malvin Weisberg, propriétaire peu scrupuleux d'un laboratoire médical.

Le 9 janvier 1938, une autre personne se défenestre du Cecil Hotel. C'est l'employé d'un établissement voisin qui retrouve le corps sans vie d'un jeune homme de 35 ans venu s'écraser sur une des lucarnes, preuve que la victime avait pris de l'élan avant de sauter. Il s'agit de Roy Thompson, un pompier du United States Marin Corps, qui s'est élancé du 14e étage après avoir séjourné plusieurs semaines dans l'hôtel maudit. Il n'a rien laissé derrière lui qui puisse expliquer son geste...

Le 1er novembre 1947, la mort frappe de nouveau. Le corps de Robert Smith, 35 ans, est retrouvé sur le trottoir : il s'est défenestré du 7e étage de l'hôtel. L'enquête ne permettra jamais de déterminer s'il a sauté volontairement ou s'il a été poussé.

En octobre 1954, une femme s'enregistre sous la fausse identité de « Margareth Brown, de Denver » à l'accueil, et passe une semaine au Cecil Hotel dans la chambre 704. Le 22 octobre, sans explication, « Margareth » enjambe le garde-fou d'une fenêtre au 7e étage. Pendant quelques instants, elle observe la rue passante de Main Street en dessous d'elle, puis elle se laisse tomber dans le vide. Quelques secondes plus tard, son corps s'écrase sur la marquise de l'hôtel avec fracas.

Presque immédiatement, une foule de curieux s'amasse autour de la devanture, et c'est sous leurs regards que les secours, pompiers et ambulanciers, installent une échelle pour récupérer le corps. Peu après, ils sont appelés en renfort par les employés de l'auditorium philharmonique au Walt Disney Concert Hall pour prendre en charge un homme devenu hystérique après avoir assisté à la chute de la femme inconnue.

L'enquête de police permet assez vite de découvrir l'identité de la victime, qui avait ses papiers dans son sac à main. Helen C. Gurnee, 55 ans, était employée dans une entreprise de papeterie de San Diego. Elle n'a laissé aucun mot pour expliquer son geste, mais le choix de son alias semble tragiquement ironique : Margaret Brown était en effet une femme célèbre notamment pour avoir survécu au naufrage du *Titanic* en 1912 (elle fut même surnommée, postmortem, « l'Insubmersible Molly Brown »).

Le 11 février 1962, Julia Frances Moore, 50 ans, saute du 8e étage. Son corps tombe dans un puits de lumière naturelle au 2e étage de l'hôtel, sous les regards médusés des témoins. Dans sa chambre, où Moore a laissé son sac, les enquêteurs retrouvent le ticket d'un car en provenance de Saint-Louis, dans le Missouri, 59 *cents* en pièces, mais aussi un livre de comptes signalant qu'elle conservait 1 800 dollars sur un compte en banque à Springfield, dans l'Illinois. Les problèmes d'argent ne semblent donc pas être la cause de son suicide, et le mystère de la mort de Julia Moore n'a jamais été résolu.

Le 12 octobre 1962, le LAPD est appelé après qu'on a découvert les corps de deux personnes, un homme et une femme, sur le trottoir devant l'hôtel. La scène est étrange : si l'on peut croire de prime abord qu'il s'agit d'un couple qui aurait sauté d'une fenêtre du Cecil Hotel, certains éléments ne collent pas. Il y a une très grande différence d'âge entre les victimes : George Gianinni avait 65 ans et Pauline Otton 27. Par ailleurs, la tenue de l'homme, ainsi que sa posture, éveillent les soupçons des enquêteurs : il porte encore ses chaussures et a les mains dans ses poches, deux éléments improbables après une chute de plusieurs étages.

C'est en fait du côté de Pauline que le mystère va s'éclaircir. Cette dernière séjournait au Cecil dans une chambre du 9e étage avec son mari. Ce jour-là, Pauline et son époux s'étaient disputés. Selon M. Otton, ils étaient séparés depuis quelque temps, mais Pauline était passée le voir à son travail l'après-midi dans l'espoir de recoller les morceaux. Une fois dans la chambre d'hôtel, les reproches s'étaient néanmoins remis à fuser. Lui aurait décidé de sortir pour dîner, laissant Pauline seule. Prise d'idées noires après cette altercation, la jeune femme aurait ouvert la fenêtre de la chambre, qui donnait sur la rue, et décidé de mettre fin à ses jours en se précipitant dans le vide.

Dans le dernier instant de sa chute, le corps de Pauline Otton est entré en collision avec celui de George Gianinni, qui marchait sur le trottoir et a été instantanément tué par l'impact. Il n'existait aucun lien entre Pauline et George, mais d'une façon tout à fait absurde et macabre leurs trajectoires se sont rencontrées.

Le 12 avril 1963, le corps sans vie de Delbert Lawrence, un homme de 65 ans originaire d'Oakland, est retrouvé sur le parking derrière le Cecil Hotel. Il aurait sauté volontairement du 13e étage.

Le 20 décembre 1975, une femme d'environ 23 ans se suicide en sautant du 12e étage de l'hôtel. Son corps atterrit sur un promontoire au niveau du 2e étage avec une telle violence que son visage en est défiguré. Elle ne sera jamais identifiée. Arrivée quatre jours plus tôt au Cecil Hotel, elle avait réservé la chambre 327 sous la fausse identité d'« Alison Lowell ». L'autopsie indique qu'il s'agit d'une femme caucasienne d'environ 1,65 mètre, 53 kilos, aux cheveux bruns et aux yeux noisette. Le médecin légiste note également la présence de cicatrices sur ses deux poignets, signe qu'elle a probablement déjà fait une ou plusieurs tentatives de suicide.

Les quelques affaires qu'elle a laissées dans la penderie (un pull bleu aux touches de noir et de violet, un manteau et un pantalon bleu marine, des chaussures noires et un soutien-gorge beige) et sur la commode (un sac à main noir, un ticket de car Greyhound en provenance de Bakersfield et une clé en métal doré) n'ont pas permis d'identifier cette jeune femme. Elle est toujours enregistrée dans le système national des personnes disparues et non identifiées sous le numéro de dossier #4457.

Dans la nuit du 1er septembre 1992, le corps d'un jeune homme afro-américain de 20 à 30 ans est retrouvé dans une ruelle située juste derrière le Cecil Hotel. Le jeune homme avait les cheveux bruns, des yeux marron et une cicatrice sur le dos de la main droite. Il était vêtu d'un T-shirt portant l'inscription « *New York. Fun Times. Good Times.* » Il n'a jamais pu être identifié. Les enquêteurs pensent qu'il est probablement tombé du 15e étage, c'est-à-dire du haut du bâtiment, sans pour autant parvenir à déterminer s'il a sauté pour se suicider ou s'il a été poussé.

Enfin, le 13 juin 2015, la dépouille d'un jeune homme de 28 ans est découverte à proximité du Cecil Hotel. Certains articles de presse évoquent la possibilité qu'il se soit suicidé en se défenestrant mais les conclusions du médecin légiste, transmises au *Los Angeles Times*, indiquent que la cause de la mort est inconnue. L'identité de la victime n'a pas été divulguée au public. Les policiers ont seulement confirmé qu'il ne s'agissait pas d'un client de l'hôtel.

19

JACK UNTERWEGER,
le Poète de la Mort

La vraie vie à Los Angeles est dominée
par une lutte acharnée pour la survie,
par les rêves brisés de milliers de personnes
qui viennent dans cette ville
et d'un nombre égal qui la quittent, parfois morts.

Jack Unterweger
dans le *Tirolerin Magazine*, 1991

Dans la soirée du 19 juin 1991, une jolie blonde, Shannon Exley, 20 ans, décroche le combiné d'une cabine téléphonique. Au bout du fil, son père, auquel elle donne quelques nouvelles a priori rassurantes. La jeune femme lui affirme être en passe de remettre sa vie en ordre et lui souhaite bonne nuit avant de partir travailler. En fait de travail, Shannon Exley se prostitue pour payer ses doses de crack, substance à laquelle elle est devenue accro. Généralement, elle se poste près de la 7ᵉ Rue, dans le quartier de Downtown, que traversent les routiers prêts à lâcher un billet en échange d'un peu de bon temps tarifé.

Après quelques passes, un homme qu'elle n'a jamais vu s'arrête devant elle. Au volant de sa Toyota, il est bien habillé, il a l'air riche. La jeune femme monte dans le véhicule, l'homme démarre aussitôt. Contrairement aux clients habituels qui s'arrêtent à deux ou trois pâtés de maisons de là, il remonte toute la 7ᵉ Rue, traverse le fleuve Los Angeles et continue jusque derrière l'échangeur de Boyle Heights. Il connaît visiblement les lieux et emmène Shannon sur un petit parking abandonné à l'abri des regards derrière des plants d'eucalyptus.

Le lendemain matin, deux femmes fouillent les poubelles. Elles entrent sur le terrain vague masqué par la végétation et découvrent le corps de Shannon, à demi nu, jeté sur le sol comme une poupée de chiffon. Son T-shirt est relevé au-dessus des seins. Elle porte encore ses chaussettes bleues, mais le reste de ses vêtements a disparu. Son soutien-gorge a été noué fermement autour de son cou.

Les premiers enquêteurs dépêchés sur la scène de crime s'inquiètent. Ce n'est certainement pas la première travailleuse du sexe à être assassinée – c'est même tristement commun –, mais le mode opératoire les interpelle. Ce nœud de strangulation, effectué avec le soutien-gorge de la victime, est une première. En tout cas pour eux. Ils en déduisent que le tueur montre là une technique et une signature indiquant qu'il pourrait déjà avoir plusieurs crimes à son actif. L'identité de Shannon est rapidement découverte grâce au relevé de ses empreintes digitales qui renvoient à des dossiers de police établis lors de ses nombreuses arrestations pour racolage. Quant au coupable, les policiers n'ont aucune piste.

Le samedi 29 juin, une deuxième prostituée est retrouvée assassinée, elle aussi étranglée avec son soutien-gorge. La plupart de ses vêtements ont disparu et la police ne retrouve sur la scène de crime que son T-shirt, une chaussette et une seringue.

Irene Rodriguez est rapidement identifiée ; elle a quitté son appartement le 28 juin dans la soirée, salué sa colocataire avant de partir travailler comme à son habitude à Skid Row, sur la 7e Rue, tout près du Cecil Hotel.

La jeune femme de 33 ans ne vit à Los Angeles que depuis le mois d'avril. Elle a laissé son mari et leurs quatre enfants à El Paso, au Texas, pour venir rendre visite à sa mère, mais l'héroïne l'a retenue sur place et forcée à travailler dans la rue pour payer ses doses.

Encore une fois, le mode opératoire du tueur interpelle les enquêteurs. Il n'est pas ici question d'un « simple » nœud pour étrangler : le sous-vêtement a été découpé puis noué d'une façon extrêmement complexe, de sorte que la pression ne soit jamais relâchée, même postmortem.

Enfin, le matin du 11 juillet 1991, plusieurs promeneurs se sont levés tôt pour se rendre en voiture au nord de la ville, à Corral Canyon Road, et profiter d'une éclipse solaire qui doit avoir lieu entre 10 heures et 11 h 30.

Dans les collines, l'attention d'un gamin est attirée par une scène qui n'a rien de céleste : la silhouette d'une femme en partie nue, allongée dans les broussailles, dans un état de décomposition avancé. Lorsque les policiers arrivent sur place vers midi, la lune a déjà disparu et les rayons du soleil frappent de nouveau avec force. Si la canicule des derniers jours a accéléré le processus de putréfaction du corps, les vers se sont chargés du reste.

La victime est allongée sur le dos, habillée, le T-shirt relevé laissant apparaître son ventre et ses seins. Son soutien-gorge est noué autour de la gorge. À la stupéfaction des enquêteurs, le relevé d'empreintes digitales confirme pour la troisième fois que la victime est une prostituée, Peggy Booth. Son corps git à plusieurs kilomètres de la rue où se postent habituellement les travailleuses du sexe. Pourquoi le tueur a-t-il pris la peine d'emmener Peggy aussi loin, sur les hauteurs de la ville ?

Peggy Booth était arrivée à Los Angeles pleine d'ambitions et de rêves. Débarquant du Michigan, elle espérait percer dans l'industrie du cinéma et du showbiz, comme beaucoup d'autres filles avant elle. Avec peu d'argent en poche, il avait bien vite fallu trouver un moyen de survivre et la prostitution s'était présentée comme sa seule option. Simultanément, elle avait commencé à consommer de la drogue pour adoucir ses peines et supporter le quotidien, tombant ainsi dans le piège de la dépendance.

Le soir du 3 juillet, la jeune femme était sur son lieu de travail habituel, le trottoir de Sunset

Boulevard, avant de disparaître dans la voiture de son assassin.

Pour confirmer l'hypothèse d'un lien entre les trois affaires, les soutiens-gorge sont présentés au docteur Lynne Herold, experte criminaliste des services scientifiques de Los Angeles. Une analyse minutieuse confirme que les trois meurtres ont le même auteur. La façon dont les sous-vêtements ont été découpés puis noués est quasiment la même, et selon Herold, l'assassin n'en est certainement pas à son coup d'essai. Les policiers savent désormais qu'un tueur en série rôde dans les rues de Los Angeles et qu'il n'a probablement pas l'intention d'en rester là.

Au même moment, durant cet été 1991, le journaliste autrichien Jack Unterweger arpente les rues de la Cité des anges pour écrire un article sur la criminalité et les différences de points de vue sur la prostitution entre les États-Unis et l'Europe.

Lors de son arrivée à l'aéroport de LAX le 11 juin, Unterweger fait forte impression. Il a revêtu une tenue tape-à-l'œil : pantalon blanc immaculé, veste assortie sur laquelle coure un imprimé à fleurs aux couleurs vives, chapeau de cow-boy blanc et bottes blanches en cuir de crocodile. On pourrait presque croire qu'il s'agit d'un designer ou d'un couturier excentrique.

En réalité, c'est un célèbre reporter et écrivain très apprécié dans son pays natal depuis qu'il est sorti de prison, où il purgeait une peine pour le meurtre d'une jeune femme.

À sa descente d'avion, il loue une voiture et prend la direction de Downtown. Le journaliste s'installe immédiatement au Cecil Hotel, et ce n'est pas un hasard : au début des années 1990, la 7e Rue est bien connue pour son activité de prostitution intense. L'hôtel est idéalement situé, il peut aisément descendre de sa chambre et se promener dans les rues environnantes, qui regorgent de matériel pour son article : drogue, délinquance, pauvreté, relations sexuelles tarifées... La face sombre de LA.

Lorsqu'il pénètre dans le hall en marbre, la réceptionniste du Cecil remarque immédiatement ce client à l'allure inhabituelle. Elle tente de l'avertir : le quartier n'est pas sûr pour un touriste comme lui. Mais Unterweger sourit, exhibant sa carte de presse. Il a besoin de dormir là pour son travail. Il réserve une chambre pour cinq semaines, ignorant les conseils de la jeune femme.

Le matin du 20 juin, Jack se rend à un rendez-vous avec Michael Montfort, un photographe réputé. En chemin, il s'arrête chez le loueur de voitures pour échanger sa Toyota, dont une vitre a été brisée par un jet de pierre, contre une Pontiac Sunbird flambant neuve.

À Montfort, le journaliste autrichien explicite un peu plus ses objectifs : écrire un article sur la prostitution et le crime, certes, mais aussi rencontrer l'une de ses idoles, l'écrivain Charles Bukowski, un proche de Michael Montfort, et enfin, tenter de retrouver son père. Un an plus tôt, dans une interview télévisée, Unterweger avait révélé n'avoir jamais pu le rencontrer. Tout ce que Jack sait, c'est que son « *papa est un Américain qui possède un ranch* », que sa mère a fréquenté peu de temps lorsqu'il était soldat à Trieste, en Italie, lors du stationnement des troupes américaines dans le pays après la Seconde Guerre mondiale.

Ensemble, ils discutent longuement. Le photographe fournit à Unterweger des extraits de ses entrevues avec Bukowski, puis ils se quittent après un agréable moment.

Dans les jours qui suivent, le journaliste se mêle à la foule lors de la Gay and Lesbian Pride. Même si plusieurs clichés semblent attester que l'Autrichien s'est complètement immergé dans l'ambiance de ces journées, il exprimera par la suite toute sa désapprobation quant à l'événement :

> *Croisons les doigts pour que le mouvement gay mondial ne subisse pas de revers suite à ces manifestations négatives. Surtout lorsqu'elles sont capturées à la télévision, ces images brutales de pulsions sexuelles avides peuvent générer de la répulsion et des préjugés plutôt que de la compréhension.* (Extrait du *Tirolerin Magazine.*)

Afin de poursuivre son enquête sur la criminalité à Los Angeles, Unterweger se rend le 24 juin au LAPD Park Center, le quartier général de la police de la ville, plus connu sous le surnom de « The Glass House » en référence à ses façades vitrées. Le journaliste souhaite obtenir une autorisation spéciale pour accompagner une patrouille de police ainsi qu'une interview exclusive avec le chef Daryl Gates, qui n'est pas disponible ce jour-là.

Le lendemain, Unterweger rencontre le sergent Steve Staples au LAPD Central Facilities. Il se présente de façon évasive, laissant entendre qu'il écrit un article pour le journal de la police autrichienne[1], et présente un document l'autorisant à accompagner une mission de patrouille. Cet argument flatte l'ego des policiers américains : les services d'autres pays envient leurs méthodes de travail, c'est l'occasion de leur montrer l'exemple.

Staples et Unterweger partent pour un tour en ville d'environ quatre heures, pendant lesquelles l'Autrichien pose de nombreuses questions sur le travail de la police, expliquant que ceux de son pays sont avides d'apprendre de nouvelles techniques d'investigation. Il fait mine de s'intéresser à la thématique du trafic de drogue, délaissant le véritable sujet de son article : la prostitution.

La journée se déroule sans incident et Staples oublie assez rapidement cette rencontre anodine, jusqu'à ce qu'il recroise Unterweger quelques jours plus tard dans les bureaux du LAPD. Il remarque alors le journaliste, entouré de plusieurs policières riant d'une blague qu'il vient visiblement de raconter. Un brin jaloux, Steve Staples ne peut s'empêcher de se demander si l'homme est réellement venu pour investiguer – ou pour draguer. Il faut dire qu'Unterweger aime séduire, et qu'il est indé-

1. Il est en réalité sous contrat avec l'ORF, la radio nationale autrichienne.

niablement doué pour ça, avantagé par un charisme fou et un visage attirant.

À la fin du mois de juin, le journaliste autrichien continue à arpenter les ruelles inquiétantes de Skid Row. Micro et magnétophone à la main, il interviewe des prostituées sur le bord d'un trottoir avant de regagner sa chambre au Cecil Hotel. À plusieurs reprises, à la nuit tombée, certaines de ces travailleuses du sexe empruntent l'escalier de secours en fer courant le long de la façade de l'hôtel pour grimper jusqu'au 7e étage et frapper à la fenêtre de la chambre 712. Derrière la vitre, Unterweger les laisse entrer, leur glisse 30 dollars en liquide en échange de fellations pratiquées en toute discrétion, avant qu'elles ne repartent par la même voie vertigineuse.

Le matin du 1er juillet, Jack Unterweger appuie sèchement sur la sonnette de la réception du Cecil Hotel. Devant le comptoir en bois verni, il a l'air nerveux. Il explique à l'employé que durant la nuit, quelqu'un s'est introduit dans sa chambre et lui a volé tout son matériel de valeur. Furieux du manque de sécurité, il souhaite changer d'établissement au plus vite et annuler le restant de sa réservation. Habitué à la mauvaise fréquentation du lieu, le réceptionniste acquiesce et présente ses plus plates excuses au nom de l'établissement. Il valide le check-out du journaliste qui prend alors le large au volant de sa voiture, direction Hollywood, où il s'enregistre au Sunset Orange Motel, un petit établissement banal qui sera rasé quelques années plus tard et remplacé par un fast-food.

Deux jours après, Unterweger prend sa voiture pour rendre une visite surprise au réalisateur Robert Dornhelm, dans l'espoir que ce compatriote autrichien accepte d'adapter pour le grand écran *Purgatoire : un voyage en prison*, son autobiographie devenue best-seller.

Dornhelm n'apprécie pas cette visite impromptue, mais il accepte tout de même de recevoir le journaliste qui se présente en lui tendant son livre. Le réalisateur demande à brûle-pourpoint pourquoi il mentionne la prison dans le titre. Conscient qu'une réponse honnête provoquerait un malaise, Unterweger explique de manière évasive qu'après une erreur de jeunesse ayant conduit au décès d'une jeune femme, il s'est retrouvé incarcéré en Autriche. Il évite de préciser qu'il a été reconnu coupable d'homicide volontaire et qu'il était initialement condamné à perpétuité. La curiosité du cinéaste est piquée. S'ensuit une conversation de plusieurs heures. Mais à la fin de la journée, Unterweger comprend que Robert Dornhelm n'est pas intéressé par l'adaptation de son livre et qu'il l'éconduit poliment. Il reprend alors sa voiture et rentre au motel, furieux.

Le lendemain, le journaliste croise par hasard la jeune réceptionniste qui l'avait accueilli à son arrivée au Cecil Hotel. Il lui propose de prendre un verre ; elle accepte. Dès lors, ils ne se quittent plus jusqu'à la fin du séjour de Jack en Californie à la mi-juillet.

20

JACK UNTERWEGER, de la prison à la rédemption

De retour en Autriche ce même été, Unterweger donne une interview à l'ORF dans une émission présentée par Elisabeth Scharang. Celle-ci est consacrée au parcours hors norme du journaliste, qu'il raconte avec emphase et charisme.

Johann dit « Jack » Unterweger est né le 16 août 1950 à Judenburg, dans le land de Styrie en Autriche. Sa mère, Theresia Unterweger, était une barmaid qui aurait, selon les mémoires de son fils, également arrondi ses fins de mois en se prostituant. Jack n'a jamais connu son père. Il s'agirait d'un officier militaire américain prénommé Frank M. Van Blarcom, avec qui sa mère a eu une brève relation après la guerre.

Theresia a beaucoup de mal à joindre les deux bouts. Alors qu'elle est enceinte de Jack, elle commet plusieurs petits délits pour lesquels elle est condamnée. Elle ne s'arrête pas après la naissance de son fils, et elle est encore condamnée à plusieurs reprises, laissant le bambin à son grand-père maternel. Le petit garçon grandit dans la misère et reçoit peu d'éducation.

Dans son autobiographie, *Purgatoire*, rédigée alors qu'il était en prison, Unterweger raconte la violence de son grand-père, Ferdinand Wieser, un homme brutal et alcoolique qui l'a complètement traumatisé, lui rationnant sa nourriture, le privant de vêtements chauds et l'utilisant comme complice pour des vols de bétail dans les fermes environnantes.

Son enfance n'est que violence, pauvreté, et son entourage constitué des prostituées que son grand-père faisait venir dans son taudis. Il évoque aussi sa tante Anna, une travailleuse du sexe qui a été assassinée par un client alors qu'il n'était lui-même qu'un enfant. Tous ces événements le marquent profondément.

En 1958, les services sociaux retirent la garde de Jack à son grand-père pour le placer chez la sœur de celui-ci. Cette période de sa vie est confuse, et il est difficile de savoir exactement où Jack a grandi. Certains registres montrent qu'il a résidé pendant un moment dans un foyer pour jeunes difficiles et nécessiteux et qu'il a erré en Autriche mais aussi en Allemagne et en Suisse.

Il n'est pas étonnant que, dans de telles conditions, il ait lui-même commencé à glisser dans la délinquance à l'adolescence. Entre 1966 et 1974, il est condamné à seize reprises pour des vols, braquages, cambriolages, mais aussi pour des faits plus graves tels que des viols et des enlèvements.

En 1970, alors que Jack Unterweger a 20 ans, il kidnappe une jeune femme et tente de la forcer à se prostituer. Il est arrêté et condamné pour proxénétisme. Libéré quelques mois plus tard, Jack ne se calme pas et continue à agresser des prostituées et à les harceler.

Le 12 décembre 1974, Jack se rend en Allemagne, près de Francfort, pour un rendez-vous galant avec une certaine Barbara Scholtz. Les deux se sont bien trouvés : la jeune Barbara flirte elle aussi avec la délinquance. Ensemble, ils prévoient de cambrioler la maison des parents de Barbara et font plus d'une heure de route à bord du véhicule de Jack. Mais arrivés sur place, leur plan ne se déroule pas comme prévu : la maison est verrouillée et les parents de la jeune femme sont présents, endormis à l'intérieur. Unterweger fulmine. Les deux complices réfléchissent à un nouveau plan pour trouver de l'argent lorsque Barbara remarque une silhouette familière dans la rue : il s'agit de Margaret Schäfer, une jeune fille de 18 ans qui fréquentait la même école qu'elle des années plus tôt. Une idée surgit naturellement : pourquoi ne pas soutirer de l'argent à Margaret ? Scholtz et Unterweger tombent d'accord. Ils parviennent à faire monter la jeune fille dans la voiture, l'agressent et la menottent. Ils la forcent à les emmener jusque chez elle pour lui voler son argent puis prennent la fuite, toujours avec leur victime menottée sur la banquette arrière. Unterweger conduit jusqu'à une zone boisée à l'extérieur d'Ewersbach, où il s'arrête. Il sort la jeune femme terrifiée et tremblante de la voiture et la traîne au sol, lui demande de se déshabiller et lui hurle dessus. Pendant ce temps, Barbara reste dans la voiture sans intervenir. Unterweger entraîne Margaret un peu plus loin dans les bois, à l'abri des regards. Il s'empare d'une tige en fer avec laquelle il lui cogne le visage, puis se sert de cette arme improvisée pour la violer. Finalement, il étrangle sa victime en utilisant son soutien-gorge et s'enfuit. Le corps ne sera découvert que trois semaines plus tard...

En janvier 1975, Jack Unterweger et Barbara Scholtz continuent à rôder, prêts à tout pour se faire de l'argent. Ils font la rencontre d'une autre jeune fille, Maria, qui succombe elle aussi au charme de Jack et devient leur complice. Ensemble, ils décident d'arnaquer les parents de Maria en mettant en scène son enlèvement et en demandant une rançon, mais ils sont interpellés par la police. Rapidement, les enquêteurs font le lien avec la découverte du corps de Margaret Schäfer, et Barbara craque lors de son interrogatoire. Elle leur raconte l'affreuse soirée du 12 décembre. Jack Unterweger est immédiatement inculpé pour le meurtre de la jeune femme. Mais selon les accords en vigueur, il doit être jugé dans son pays d'origine, en Autriche. Il est donc renvoyé à Salzbourg.

C'est alors qu'August Schenner, enquêteur, soupçonne Unterweger d'un autre crime survenu avant l'assassinat de Margaret Schäfer.

En 1973, le corps sans vie d'une jeune Yougoslave de 24 ans, Marica Horvat, avait été retrouvé près de Salzbourg par des pêcheurs le 1er avril dans les eaux du lac de Salzach : elle s'était noyée, ligotée aux poignets avec une cravate et aux chevilles avec ses propres collants. C'est ce type de nœud, et cette cravate en particulier, qui ont interpellé le détective. Mais faute de preuves supplémentaires, Unterweger n'a finalement pas été inquiété.

En 1976, lors de son procès, Jack Unterweger reconnaît le meurtre de Margaret. Au tribunal, il se montre sous un jour nouveau, très vulnérable. Lorsqu'il raconte le déroulement des faits, il s'effondre en larmes et explique qu'au moment où il entraînait sa victime dans les bois, il a soudain perdu le contrôle en voyant le visage de sa mère à la place de celui de la jeune fille. Cette mère prostituée qui l'avait abandonné à un homme violent alors qu'il n'avait que deux ans... Voilà qui expliquerait la barbarie de cet acte qu'il regrette désormais. Mais cette version ne suffit pas à attendrir le jury. Selon un expert psychologue, Jack Unterweger serait :

> « *un psychopathe sadique sexuel avec des tendances narcissiques et histrioniques*[1]*, sujet aux crises de rage et de colère. C'est un agresseur incorrigible* ».

---

1. Le trouble de la personnalité histrionique consiste en une recherche perpétuelle d'attention, des comportements exagérés, des manipulations pour être apprécié et/ou considéré comme une victime afin d'obtenir des faveurs.

À 25 ans à peine, il est condamné à la prison à perpétuité, avec une période de sûreté de quinze ans.

En prison, un véritable miracle s'opère : Jack Unterweger se métamorphose. Puisqu'il est condamné à passer sa vie derrière les barreaux, il décide de mettre ce temps à profit pour se cultiver. Alors qu'il était quasiment analphabète, il apprend à lire et à écrire. Lui qui n'avait jamais ouvert un livre de sa vie consacre désormais la plupart de ses journées à la bibliothèque de l'établissement. Rapidement, il passe à l'étape supérieure en devenant le rédacteur en chef de la revue de la prison, puis se met à produire des œuvres littéraires : poèmes, pièces de théâtre, nouvelles, histoires pour enfants, sans oublier la rédaction de son récit autobiographique. C'est dans ce livre publié en 1982 qu'il raconte son enfance malheureuse, ses traumatismes et les épreuves qu'il a traversées.

Les premières lignes du livre mettent en scène Unterweger réveillé en sursaut dans sa cellule par un cauchemar lui faisant revivre son arrestation. Son esprit est rempli d'idées noires :

> *Mes mains, moites de peur, étaient tordues dans mon dos et les chaînes d'acier claquaient autour de mes poignets. Je me réveille... Tremblant... Avec effroi, je contemple l'obscurité inconnue des prochaines minutes.*
>
> *Parfois durant ces moments avant l'aube, je pense que je devrais prendre congé. Un paquet neuf de*

lames de rasoir est prêt. Tout comme un long bracelet en cuir. Je me suis préparé pour cette minute de l'ultime décision. Je vois mon corps s'endormir, fuir cette vie végétative et solitaire dans une dernière convulsion. Est-ce la réponse ?

À sa publication, le récit rencontre un véritable succès auprès des élites intellectuelles autrichiennes. Son deuxième livre, *Terminus Prison*, gagnera même un prix littéraire en 1984. Quant à ses contes pour enfants, ils sont diffusés à la radio nationale autrichienne dès la fin des années 1970 et enchantent le grand public.

Purgatoire devient un best-seller que toute l'Autriche s'arrache, des extraits du récit sont diffusés à la radio nationale. Jack Unterweger est même invité à le lire lui-même, filmé depuis la prison de Stein par la télévision. L'opinion publique est frappée par le physique du condamné : mince, blond, souriant, bel homme. Loin de l'image qu'on se fait habituellement d'un assassin.

Petit à petit, pour toute une nation, Unterweger devient le symbole de l'impact positif de l'incarcération sur les délinquants. Si ce criminel, chenille entrée analphabète et consumée par la haine, a pu se transformer en un papillon instruit, réfléchi et talentueux, c'est bien la preuve des bienfaits de l'emprisonnement.

Unterweger est désormais pour la population le nom d'un auteur à succès davantage que celui d'un meurtrier. En 1985, une pétition est lancée, réclamant une grâce présidentielle et la libération anticipée de l'écrivain. Cette pétition est notamment soutenue par de nombreux artistes mais aussi des politiciens, des journalistes et des auteurs réputés ; néanmoins le président autrichien Rudolf Kirchschläger refuse d'écourter la peine minimale du criminel, malgré une pression médiatique qui ne faiblit pas. Au moins cette dernière, couplée à sa rédemption, permet-elle à Unterweger de voir ses conditions de détention s'assouplir progressivement. Il est autorisé à sortir pour assister aux premières des adaptations de ses pièces de théâtre puis à l'avant-première du film inspiré de son autobiographie.

Finalement, le 23 mai 1990, Jack Unterweger est libéré après avoir purgé quinze années d'emprisonnement, avec l'accord des experts psychiatres selon lesquels il ne représente plus aucun danger pour la société. Selon eux, Unterweger a appris à gérer ses envies de meurtre par le biais d'un processus psychique, la sublimation[1], qui consiste à transformer ses pulsions destructrices en énergie créatrice et artistique.

Ce jour-là, le journal *Kurier* fait de l'événement sa une :

Il est auteur de bestsellers, a écrit plusieurs livres et veut tourner un second film de son œuvre Purgatoire. *Il s'agit de Jack Unterweger, 40 ans,*

1. Il s'agit d'une notion psychanalytique, donc discutable.

ex-détenu de la prison de Stein, condamné à perpétuité pour le meurtre d'une jeune fille de 18 ans. Dans sa cellule, il est devenu une figure littéraire. Aujourd'hui, mercredi, après plus de quinze années d'incarcération, les portes de la prison se sont ouvertes devant lui.

À sa sortie, Unterweger est une star nationale. Grâce à l'argent généré par ses succès littéraires, il est devenu riche et peut s'offrir des tenues à la mode, une belle voiture et un appartement à Vienne. Il séduit les femmes avec une aisance incroyable par son charisme, sa beauté naturelle et son côté intellectuel *bad boy*. Son visage est partout : sur les couvertures des magazines, pour lesquels il prend la pose avec plaisir, sur les plateaux télévisés où il est constamment invité, dans les conférences qu'il donne un peu partout et dans lesquelles il incarne la métamorphose permise par l'incarcération. Il est *la* figure de la réinsertion réussie.

Les photographes se l'arrachent. Unterweger pose tantôt dandy, charmeur derrière des lunettes fumées, extravagant avec un costume blanc et des bijoux en or clinquants ; tantôt cynique dans des mises en scène où il fait mine de se passer une corde autour du cou, exhibant ses larges tatouages de taulard sur le torse et les biceps.

Dans les semaines suivant sa libération, la radio publique autrichienne lui propose un emploi de journaliste. C'est ainsi qu'Unterweger commence à publier régulièrement des articles et entame des reportages sur des faits divers. Il se trouve qu'un mystérieux tueur en série sévit en Autriche à cette période, que la presse a surnommé « le Tueur des bois de Vienne ». Les plateaux télévisés invitent Unterweger à donner son avis sur les actes de ce prédateur, en sa « qualité » d'ex-détenu et d'ancien meurtrier repenti.

21

JACK UNTERWEGER,
un insaisissable étrangleur à Vienne

À Vienne, en l'espace d'un mois – entre le 8 avril et le 7 mai 1991 –, quatre prostituées du quartier rouge ont disparu : Silvia Zagler, Sabine Moitzl, Karin Eroglu-Sladky et Regina Prem.

Le 20 mai 1992, le corps de Sabine Moitzl, 25 ans, est retrouvé par un retraité en promenade dans les bois autour de Vienne. Ernst Geiger, chef de la division des homicides, fait partie des enquêteurs présents sur la scène du crime. À 36 ans, il vient tout juste d'être nommé à ce poste et a bien peu d'expérience, les meurtres étant plutôt rares en Autriche[1].

Le corps nu et putréfié de la jeune femme repose face contre terre, les bras et les jambes écartés. Le processus de décomposition des chairs est déjà bien entamé, et les renards se sont chargés de dévorer la jambe droite. Autour du cou, ses propres col-

1. En 1990, on dénombrait environ 50 homicides pour la ville de Vienne (1,5 million d'habitants), la plupart étant soit des règlements de comptes, soit des violences domestiques.

lants ont été utilisés pour l'étrangler, et le nœud est extrêmement serré. Si le tueur n'a pas dérobé les bijoux de la victime, il a cependant pris le temps de disposer ses vêtements et effets personnels en cercle, tout autour du corps. La scène du crime est absolument abominable.

> *Quatre prostituées ont disparu sans laisser de trace à Penzing, dans la banlieue de Vienne. Lundi, l'une d'entre elles, Sabine Moitzl, a été retrouvée étranglée dans les bois Scots par un promeneur. Désormais, l'inquiétude est grande concernant les vies des trois autres femmes toujours disparues. Dans le quartier rouge, la peur de mourir est omniprésente.* (Dans le journal *Kurier* du 22 mai 1991.)

Le 23 mai, un deuxième corps est découvert. Il s'agit de celui de Karin Eroglu-Sladky, 25 ans, portée disparue depuis deux semaines. Elle est nue, son visage tuméfié repose contre le sol et, comme pour Sabine, ses collants ont été utilisés pour l'étrangler. Le reste de ses vêtements a disparu.

L'hypothèse selon laquelle un tueur en série rôde à Vienne en 1991 est sur toutes les lèvres. Il s'agirait d'une première, et tout le monde s'interroge. Une forme d'effervescence, voire d'agitation, gagne la presse et les médias. On évoque au sein de la police un Jack l'Éventreur autrichien, et on le surnomme « Jack l'Étrangleur ».

Le 3 juin 1991, Jack Unterweger se présente au quartier général de la police de Vienne. Il rencontre l'enquêteur Max Edelbacher, auquel il explique être un reporter en free-lance qui écrit un article pour l'ORF sur le tueur des bois de Vienne. Unterweger justifie son intérêt particulier pour l'affaire : sa propre tante était une prostituée qui a été assassinée par un client en 1967, c'est donc un sujet auquel il est particulièrement sensible.

Bien que coopératif, Edelbacher n'a que peu d'éléments à transmettre au journaliste. En effet, la police n'a encore trouvé aucune piste et n'a aucun suspect en ligne de mire. Les prostituées interrogées n'ont pas de nom de client au comportement particulièrement étrange à donner... L'étrangeté fait partie du quotidien de ces femmes. Ce n'est que le soir, lorsqu'il rentre chez lui et qu'il raconte sa journée à sa femme, que le détective réalise à qui il a parlé dans la journée. Jack Unterweger ! Ce journaliste et écrivain bien connu pour avoir fait de la prison, et fraîchement libéré...

Le reportage est diffusé deux jours plus tard dans le programme *Journal Panorama*. Unterweger y interviewe plusieurs prostituées du quartier rouge de Vienne, les interrogeant sur leur peur de croiser le tueur, sur leurs relations avec les victimes, qu'elles connaissaient bien. Il parle aussi du travail de la police, insiste sur la nécessité d'apporter un sentiment de sécurité aux travailleuses du sexe de la ville. Edelbacher a soudain un étrange pressentiment... Cet Unterweger, emprisonné pour meurtre... Et si c'était lui, le tueur en série qu'il recherche ?

Edelbacher n'est pas le seul à avoir cette pensée après la diffusion du reportage. August Schenner est lui aussi persuadé que c'est le journaliste qui a commis les crimes. Aujourd'hui retraité, il faisait partie à l'époque de l'équipe qui avait arrêté Unterweger après le meurtre de Margaret Schäfer. C'était lui qui l'avait déjà soupçonné d'avoir commis un autre meurtre : celui de Marica Horvat, resté irrésolu.

Pour le policier, le mode opératoire du tueur des bois de Vienne est très proche de celui d'Unterweger au temps des premiers faits. Mais en 1991, personne n'écoute les soupçons de Schenner. Il passe pour un vieux flic à la retraite faisant une fixette sur une affaire vieille de seize ans qu'il n'est jamais parvenu à résoudre. Seul Edelbacher sent qu'il y a peut-être là une piste intéressante à suivre. Il décide de placer Unterweger sous surveillance. Mais sans résultat. L'écrivain à succès mène une existence d'écrivain à succès : il se déplace au volant de sa Volkswagen, immatriculée crânement W JACK 1, entre son luxueux appartement, les plateaux de télévision, les restaurants, toujours entouré de gens et surtout d'admiratrices.

Alors que Jack Unterweger reste vaguement sous surveillance, la police de Vienne prend connaissance d'affaires criminelles présentant d'importantes ressemblances avec les disparitions et les meurtres des prostituées du quartier rouge. Dans le Sud de l'Autriche, on parle d'un mystérieux tueur, « le Courrier ».

Tout commence le 15 septembre 1990, près de Prague, en République tchèque, encore nommée Tchécoslovaquie, lorsqu'un promeneur découvre le corps d'une jeune femme près des berges de la Vltava. Elle est nue, allongée sur le dos avec les jambes écartées, recouverte à la va-vite par des feuilles. Sa propre paire de collants gris est encore entortillée autour de son cou. Il s'agit de Blanka Bockova, 29 ans.

Quelques semaines plus tard, une prostituée de Graz, en Autriche, nommée Brunhilde Masser, 39 ans, disparaît.

Au début du mois de décembre, c'est une autre prostituée, Heidi Hammerer, 31 ans, qui se volatilise. Son corps est retrouvé lors du réveillon du Nouvel An par des promeneurs en forêt. Elle est partiellement nue, semble avoir été frappée, ligotée, bâillonnée puis étranglée avec ses propres collants. Sur son corps, on retrouve aussi une multitude de petites fibres rouges, qui ne proviennent visiblement pas de ses vêtements.

Quelques jours plus tard, on retrouve le corps de Brunhilde Masser dans un état de décomposition avancé dans les bois près de Bregenz. Le mode opératoire est similaire aux affaires précédentes et le vol ne semble pas être le mobile. Comme la police autrichienne n'a pas connaissance à ce moment-là du meurtre de Blanka à Prague, on n'évoque pas encore un tueur en série.

Le 7 mars 1991 à Graz, Elfriede Schrempf, prostituée, est portée disparue. Ses parents sont inquiets. Ils contactent la police après avoir reçu des coups de fil anonymes. Les parents d'Elfriede sont sur liste rouge, et craignent que l'auteur des appels ne soit responsable de la disparition de leur fille. Son corps, ou plutôt son squelette, ne sera découvert que le 5 octobre 1991 sous des feuilles dans les bois autour de Graz.

Depuis son retour de Los Angeles, Jack Unterweger publie des articles critiques concernant les méthodes de la police de son pays, notamment au sujet de la traque du Tueur des bois de Vienne. Il est vrai que la police autrichienne se trouve dépassée par ce cas de tueur en série, et le journaliste prend un malin plaisir à pointer du doigt leurs difficultés en les comparant à la puissance de la police américaine. Une partie de lui idéalise les États-Unis depuis son enfance, se rattachant au fantasme de ce père moitié soldat, moitié cow-boy qu'il rêve de rencontrer.

À Vienne, le 4 août, on trouve un nouveau corps : celui de Sylvia Zagler, 23 ans. Elle repose face contre terre, et a été étranglée avec ses collants. Une forme de psychose collective gagne la capitale autrichienne.

Le 7 octobre 1991, alors que Jack rend une nouvelle visite à Edelbacher au quartier général de la police de Vienne, l'inspecteur met subtilement la pression au journaliste. Au détour de la conversation, il l'avertit que ce dernier fait partie de la longue liste de suspects de l'enquête. Jack ne laisse transparaître aucune surprise et rétorque qu'il n'est pas étonné, étant donné son passé. Il ajoute même savoir qui a probablement suggéré son nom : un vieux policier à la retraite du nom de Schenner... Un flic un peu cramé obsédé par lui depuis plus de seize ans.

Edelbacher acquiesce de la tête d'un air entendu et termine la conversation d'un ton compatissant :

> « *Je comprends. Mais si vous pouviez me dire où vous étiez les nuits des disparitions des victimes les 8, 16 et 28 avril et le 7 mai, cela me permettrait de vous blanchir et d'enlever votre nom de cette liste. Je vous laisse deux semaines pour y réfléchir et rechercher dans vos agendas.* »

Deux semaines plus tard, comme promis, Unterweger revient vers l'enquêteur pour lui présenter ses alibis. L'écrivain-journaliste semble honnête, il reconnaît qu'il ne peut pas présenter d'alibi solide pour certaines des dates car il était, à cette période, enfermé chez lui à travailler à de nouvelles pièces de théâtre. Et puis, il a un autre argument : il ne peut pas être le tueur puisqu'il n'a pas le permis de conduire. Impossible d'emmener les victimes au fond des bois sans véhicule. Unterweger explique qu'il se fait toujours conduire par des amis ou des chauffeurs, où qu'il aille.

Edelbacher ne dit rien. Il sait que le journaliste lui ment. Depuis qu'il fait suivre Unterweger, ses équipes l'ont régulièrement vu au volant de sa voiture.

Lorsque les policiers de Graz le recontactent pour lui demander ses alibis concernant les meurtres des deux prostituées, Unterweger rétorque qu'il n'a aucun contact avec ce milieu à Graz. Pourtant, les policiers ont des témoins. Une travailleuse du sexe de la ville, Joanna, affirme avoir eu des rapports sexuels avec lui là-bas, et elle raconte les fantasmes violents du journaliste : il l'a attachée et lui a demandé de faire comme si elle avait peur. Plus ses cris étaient forts, plus Unterweger était excité. Ces faits se sont déroulés neuf jours avant la disparition de Brunhilde Masser, qui tapinait à une rue de celle où Joanna fait du racolage.

Dans son journal intime, Elfriede Schremps, quant à elle, avait écrit quelque temps avant sa disparition :

Hier j'ai eu un drôle de type. Il a prétendu être écrivain. Je l'ai amené dans la petite rue à l'écart où d'habitude on s'occupe des clients pressés. Mais au dernier moment il a reculé, il m'a pris la tête avec ses bouquins et ses conférences. Au bout de vingt minutes il m'a donné 1 500 schillings, m'a remerciée et m'a expliqué que cela l'avait bien détendu. C'est très rare et c'est très agréable.

Un mois plus tard, elle écrit :

Aujourd'hui l'écrivain est revenu. Je suis allée chez lui rue Floriani. Le mec aime bien les trucs avec les menottes et m'a l'air un peu pervers... Il est très fier de ses tatouages sur la poitrine et les biceps, je ne comprends pas ça.

Les soupçons des enquêteurs se cristallisent autour d'Unterweger.

Alors, Ernest Geiger, l'enquêteur de la section des homicides à Vienne, et son équipe lancent une enquête discrète afin de recouper tous les déplacements d'Unterweger. Ils étudient l'activité de sa carte de crédit, ses locations et chambres d'hôtels, son agenda, ses séances de dédicaces, etc., et ils constatent qu'à chaque fois, la présence de l'écrivain dans une ville coïncide avec les disparitions. Plusieurs témoins décrivent aussi un homme élégant, à l'allure riche, qui semble avoir été parmi les derniers clients des femmes disparues et retrouvées assassinées.

Mais les policiers savent que cela ne constitue que des preuves indirectes, insuffisantes pour inculper un suspect. Unterweger est une figure appréciée en Autriche : il leur faut plus de preuves, des éléments concrets pour pouvoir le relier avec certitude aux crimes.

22

JACK UNTERWEGER, cachée en pleine lumière

Geiger, désormais tout autant persuadé de la culpabilité du journaliste qu'August Schenner et Max Edelbacher, continue d'amasser des éléments à charge.

Il parvient à récupérer la voiture qu'Unterweger avait achetée à sa sortie de prison pour la soumettre à des analyses scientifiques. À l'intérieur, on retrouve des cheveux. Ceux d'Unterweger mais aussi un autre, appartenant à Blanka Bockova, la première victime assassinée à Prague à peine quatre mois après la sortie de prison de l'écrivain.

Partant de cette découverte, les policiers obtiennent un mandat de perquisition pour l'appartement du journaliste à Vienne. Ils trouvent des photos de Los Angeles et des tickets de caisse issus de ce séjour. Ils saisissent aussi une veste en cuir marron et une écharpe rouge.

Après avoir étudié les reçus américains, Geiger se met en contact avec la police de Los Angeles et lui demande si, sur la période correspondant au passage d'Unterweger, en juin et juillet 1991, elle n'a pas recensé des cas de prostituées assassinées, étranglées avec leurs propres sous-vêtements. Des deux côtés du combiné, c'est la stupéfaction car justement, si ! Il y a bien eu trois meurtres de prostituées au total, avec ce mode opératoire unique, avant que la série ne prenne soudainement fin. Et les reçus des hôtels (le Cecil Hotel puis le Sunset Orange) correspondent exactement aux périodes et aux zones où ces prostituées ont été enlevées.

Le lendemain du meurtre de Shannon Exley, Unterweger a échangé sa Toyota auprès du loueur, sous prétexte d'une vitre brisée. Se doutait-il que la jeune femme avait été aperçue montant à bord d'un véhicule de cette même marque juste avant de disparaître ? D'ailleurs, la carte d'identité qu'il avait utilisée pour cette location était un faux, comme s'il avait déjà tout prémédité. Enfin, le 1er juillet, le journaliste a fui précipitamment le Cecil Hotel, où il avait pourtant prévu de rester cinq semaines, sous prétexte d'avoir été cambriolé. Deux jours plus tôt, Irene Rodriguez était enlevée en pleine rue, au pied de l'établissement. Quant à Peggy Booth, elle travaillait sur Sunset Boulevard le soir du 3 juillet avant d'être kidnappée, l'artère sur laquelle se trouvait le motel dans lequel l'Autrichien s'était réfugié. Lorsqu'autant de coïncidences s'accumulent, peut-on encore les nommer ainsi ?

Alors que le nombre d'éléments à charge contre Jack Unterweger continue de croître, une nouvelle préoccupation émerge : le journaliste sort avec une jeune fille de 18 ans, Bianca Mrak, rencontrée en boîte de nuit en novembre 1991.

Le 13 février 1992, alors que la police s'apprête à lancer un mandat d'arrêt à l'encontre du suspect, personne ne sait exactement où le couple se trouve, et la jeune fille est déclarée « portée disparue ». On craint qu'elle ne devienne sa prochaine victime. L'écrivain était pourtant censé être sous surveillance constante, mais les agents de Vienne ont perdu sa trace sur les routes autrichiennes.

Unterweger, averti par des amis journalistes qui le soutiennent que la police veut l'inculper pour les meurtres des prostituées, s'enfuit pour la Suisse le lendemain.

L'affaire éclate dans la presse nationale. Jack Unterweger est officiellement le suspect numéro un, non seulement pour les crimes commis à Vienne et à Graz, mais aussi pour ceux de Prague et de Los Angeles. L'ex-détenu, symbole de la rédemption, est parvenu à tromper son monde. Il a recommencé à tuer à peine quatre mois après sa sortie de prison. Il avait peut-être déjà tout manigancé avant même d'être libéré. L'opinion publique est scandalisée. Certains de ses amis, de ses anciens soutiens, nient avoir été dupés : c'est forcément une méprise. Jack est innocent, victime d'une grossière erreur. La police veut lui coller sur le dos des crimes qu'il n'a pas commis.

Le 15 février 1992, Unterweger donne une interview en direct à la radio, par téléphone. S'il ironise en débutant la conversation par un « *Bonjour, c'est moi, le tueur !* », il nie farouchement être le Tueur des bois de Vienne, crie au complot, rejette la faute sur l'incompétence des policiers. Le journaliste annonce même qu'il préfère mourir que de retourner en prison alors qu'il est innocent.

Ces déclarations continuent de semer le doute dans l'opinion publique, qui ne sait plus que croire. Certains magazines prennent la défense de l'écrivain, évoquant une « chasse aux sorcières grotesque ». Bianca Mrak elle-même défend bec et ongles Unterweger. Des clichés du couple sont publiés et ils sont présentés comme des martyrs.

Pendant ce temps, les analyses effectuées sur les vêtements prélevés chez l'écrivain lors de la perquisition livrent leurs résultats. L'écharpe rouge qu'Unterweger portait lors de nombreuses apparitions à la télévision est fabriquée avec des fibres exactement semblables à celles retrouvées sur le corps d'une des victimes. Sa peau en était même couverte.

Les enquêteurs ont désormais la confirmation qu'ils tiennent le principal suspect. Il ne reste plus qu'à l'arrêter... À la mi-février, ils ne savent pas qu'il a déjà quitté l'Europe pour se rendre en Floride, aux États-Unis. Pourquoi ce choix ? Pour faire plaisir à sa petite amie Bianca, fan de *Miami Vice*, qui l'accompagne. Ou alors parce que Unterweger sait qu'avec son style tape-à-l'œil, il pourra plus facilement se fondre dans la foule latino-américaine ? Très vite cependant, les deux fugitifs viennent à manquer d'argent. Pour survivre, il leur arrive de dormir à la belle étoile. Jack tente même de pousser Bianca à se prostituer, ce qu'elle refuse.

En Autriche, l'image d'Unterweger s'effrite de plus en plus. Certains de ses proches se font enfin entendre, ceux qui se sont opposés pendant des années à la publication de *Purgatoire*. Parmi eux, Charlotte Springer. Sa mère, Maria, a vécu avec Ferdinand Wieser, le grand-père de Jack, pendant vingt ans. Charlotte a donc grandi auprès de Jack lorsqu'il était lui-même enfant. Selon elle, son beau-père était un homme dur, certes, mais juste. Il n'a jamais été maltraitant avec elle ni avec Jack. Pour Charlotte, le mythe de l'enfance malheureuse ayant conduit Jack sur le chemin de la criminalité est un mensonge, dont le seul but était d'apitoyer l'opinion publique et de s'attirer la sympathie afin de parvenir à sortir de prison. Elle se souvient en revanche comment Jack, depuis sa plus tendre enfance, a toujours eu tendance à manipuler son entourage pour obtenir ce qu'il voulait. C'était un enfant difficile, capricieux. Elle raconte que le 23 mai 1991, pour son premier anniversaire de sortie de prison, Jack Unterweger faisait la lecture d'un passage de son livre à Wimzit. Charlotte s'y était rendue, une boîte remplie de photos de leur enfance à la main, avec la ferme intention de le mettre face à ses mensonges. Lorsqu'elle s'était présentée et avait tenté de l'interpeller, l'écrivain avait fait mine de ne pas la reconnaître. Devant l'insistance de Charlotte, il l'avait saisie par le bras, lui murmurant à l'oreille : « *Écoute-moi bien... Ferme-la ou il risque de t'arriver quelque chose.* » La tante de Jack a alors battu en retraite...

Quelque temps plus tard, c'est la mère de l'écrivain qui sort de son silence. Celle qui a abandonné son jeune fils après qu'on lui en a retiré la garde temporairement au début des années 1960, fait une déclaration surprenante : elle affirme n'avoir jamais eu de sœur. La dénommée Anna, prostituée assassinée par un client dont Unterweger avait tant parlé dans son livre, n'est rien de plus qu'une énième invention de l'auteur pour s'attirer la sympathie de ses lecteurs.

L'ex-petite amie de Jack, la réceptionniste du Cecil Hotel qu'il a rencontrée à Los Angeles, témoigne également. Elle a rejoint Unterweger en Autriche le 8 août 1991 pour s'installer avec lui dans son appartement à Vienne. Si les premières semaines ont été plutôt idylliques, petit à petit le comportement instable du journaliste s'est dévoilé. Des jeux, d'apparence bon enfant, ont commencé à devenir sadiques. Jack Unterweger prenait un malin plaisir à jeter des seaux d'eau glacée sur la jeune femme lorsqu'elle sortait les poubelles. Un soir, alors qu'il lui avait fait couler un bain, il l'a forcée à y entrer alors que l'eau était bouillante. Puis, sans crier gare, il a appuyé sur ses épaules pour la maintenir immergée pendant de longues secondes. La petite réceptionniste a bien cru qu'il allait la noyer, mais il s'est soudain arrêté, quittant la salle de bains hilare.

Finalement, le 5 septembre, Unterweger a accompagné la jeune femme à l'aéroport et l'a fait monter dans un avion pour la renvoyer précipitamment à Los Angeles sans explications.

Le 26 février 1992, Jack Unterweger tombe dans un piège tendu par les autorités. Après avoir accepté de répondre à une interview exclusive en échange de 10 000 dollars, payée d'avance en cash, Unterweger envoie Bianca récupérer l'argent dans un bureau de USA Exchange. À peine la somme retirée, le couple est interpellé par des agents fédéraux embusqués.

Ne disposant pas de preuves matérielles suffisantes concernant les trois homicides commis à LA, la justice américaine accepte d'extrader Unterweger de la Floride vers l'Autriche le 27 mai, où il est inculpé pour 12 meurtres : ceux commis à Vienne, à Graz, à Los Angeles et celui de Prague.

À son arrivée à Vienne, l'écrivain tente le tout pour le tout afin d'éviter d'être mis en détention provisoire. Avec une lame de rasoir, il s'entaille le bras afin d'être transféré à l'hôpital. Mais sa ruse ne fonctionne pas : la blessure n'est que superficielle, il est soigné sur place et emprisonné.

Deux ans plus tard, le procès d'Unterweger s'ouvre. Nous sommes le 20 avril 1994. La presse nationale est en ébullition et assiste en nombre au « procès du siècle ».

L'écrivain plaide son innocence, argumentant qu'il n'aurait jamais pris le risque de perdre tout ce qu'il avait gagné depuis sa sortie de prison : sa célébrité, son argent, son niveau de vie. Il pouvait se payer les services de prostituées autant qu'il le souhaitait, alors pourquoi aurait-il donc eu besoin de les enlever puis de les tuer ?

Un expert psychiatre appelé à témoigner a apporté un début de réponse à cette question en lui diagnostiquant un trouble de la personnalité narcissique (l'une des composantes de la psychopathie). Si ce trouble à lui seul n'explique pas entièrement les actes d'Unterweger, il met néanmoins en lumière une facette intéressante de sa personnalité. Le besoin pathologique de supériorité, la conviction d'être au-dessus des lois (juridiques et morales), la pulsion de droit de vie ou de mort sur autrui... Il semble évident que ce trouble a pu constituer un facteur des passages à l'acte criminels répétés du journaliste.

Et tout porte à croire que Jack Unterweger n'a jamais eu la volonté de cesser de tuer.

Par le biais de l'écriture, son pouvoir de manipulation était sans limites. À sa libération, l'écrivain a pu savourer sa première victoire sur les esprits de ses compatriotes, mais cela n'a pas étanché sa soif de domination. Il fallait qu'il assouvisse ses pulsions meurtrières, mais aussi qu'il prenne sa revanche sur la police et la justice. Tuer au nez et à la barbe de tous, puis enquêter sur ses propres meurtres... C'est le rêve de tous les tueurs en série narcissiques. Et bien peu d'entre eux sont parvenus à réaliser un tel tour de force.

Son passage à Los Angeles, et les malheureuses victimes qu'il y a laissées, lui confère même un autre statut encore plus « grandiose », dont son ego s'est très certainement enorgueilli : celui d'être l'un des rares tueurs en série à avoir sévi sur plusieurs continents. Il est d'ailleurs probable que Jack Unterweger, fasciné par Richard Ramirez, ait choisi de loger au Cecil Hotel pour marcher sur les traces de son prédécesseur.

Le 29 juin 1994, Jack Unterweger est reconnu coupable de 9 des 12 assassinats qui lui sont imputés et il est condamné à la prison à perpétuité. Au cours de la nuit qui suit ce verdict, il se suicide dans sa cellule à Graz-Karlau, utilisant les lacets de ses chaussures et le cordon de son pantalon de survêtement pour se pendre à un portemanteau avec un nœud similaire à celui qu'il avait utilisé sur ses victimes. Unterweger en avait fait le serment : jamais il ne retournerait en prison.

L'un des enquêteurs commentera la fin de ce parcours ainsi :

« *Cela a été son plus beau meurtre.* »

23

Incidents et morts inexpliquées

En plus du nombre tristement élevé de suicides, le Cecil Hotel a connu son lot d'incidents étranges et de morts violentes inexpliquées...

En 1933, un jeune conducteur de camion – dont l'identité s'est depuis perdue –, se retrouve coincé entre son véhicule et le mur de l'hôtel, et meurt écrasé contre la façade du Cecil Hotel.

Le 3 septembre 1944, Dorothy Jean Purcell, une jeune femme de 19 ans, quitte discrètement son lit afin de ne pas réveiller son petit ami, un vendeur de chaussures de 38 ans nommé Ben Levine. Elle a été tirée de son sommeil par d'atroces douleurs au ventre et se dirige, aussi silencieusement que possible, vers la salle de bains commune de l'étage. Une nuit d'horreur commence pour elle. C'est dans la plus grande des solitudes qu'elle accouche, effrayée, à même le sol froid, d'un petit garçon dont elle n'avait même pas conscience de l'existence. À la faible lueur qui filtre dans la pièce, tout semble irréel. D'un geste automatique, presque sans s'en rendre compte, Dorothy noue le cordon ombilical avant de le sectionner. Le nouveau-né ne fait aucun bruit, comme s'il participait lui aussi au secret de sa mère. Mais non. S'il ne fait aucun bruit, c'est parce qu'il est mort, pense Dorothy, prise de panique. Ses yeux sont fermés, son corps tout mou ne réagit pas.

Affolée, la jeune femme va alors commettre un geste d'une violence absurde pour tenter de faire disparaître le cauchemar de ces dernières heures. Elle ouvre la fenêtre, jette l'enfant, puis retourne se coucher sans rien dire à son compagnon qui dort toujours et n'a aucune idée de ce qui vient de se dérouler.

Trois jours plus tard, Dorothy est arrêtée après la découverte du corps du nourrisson sur le toit d'un bâtiment voisin. Aux policiers, elle raconte la nuit du drame et affirme qu'elle ignorait être enceinte. Alors que l'autopsie du bébé confirme qu'il était encore en vie lorsque sa mère l'a jeté par la fenêtre, cette dernière persiste dans sa version selon laquelle elle était persuadée qu'il était mort-né, et qu'elle n'avait pas l'intention de le tuer. En réalité, le nourrisson aurait dû recevoir quelques tapes sur les fesses pour être stimulé et montrer des signes de vie. Une grave infection post-partum s'étant déclenchée, Dorothy est hospitalisée en urgence. La jeune femme est quand même inculpée pour homicide volontaire.

Un an plus tard, en janvier 1945, elle sera acquittée, trois experts psychiatres ayant confirmé qu'elle était en état de confusion mentale au moment des faits.

Le 12 janvier 1950, la police, à la recherche d'un tueur, entre dans le Cecil Hotel sur les informations d'un indic'. C'est là que se cache en effet Raymond D. Hair, un étudiant de 24 ans qui s'est enfui après avoir été inculpé pour le meurtre d'un de ses camarades, Roy Watson Cobe, retrouvé agonisant dans la voiture de Hair le 15 décembre de l'année précédente. Le suspect a fui la Caroline du Nord où il avait été arrêté initialement, et il est en cavale depuis près d'un mois sous la fausse identité de « J. S. Royster », nom qu'il avait donné pour s'enregistrer au Cecil.

Une autre des affaires criminelles célèbres en lien avec le Cecil Hotel s'est déroulée durant l'été 1964, lorsqu'un employé, qui distribuait des annuaires dans les chambres, a découvert le corps sans vie d'une des résidentes les plus connues des couloirs de l'établissement. Goldie Osgood vivait au Cecil depuis six ans. Les locataires de l'hôtel et habitants du quartier la surnommaient « Pigeon Goldie » car elle sortait tous les jours avec un sachet de miettes de pain pour aller nourrir les oiseaux du square Pershing, tout proche. Autrefois, cette femme de 65 ans avait travaillé comme opératrice téléphonique, elle était désormais à la retraite.

Le 4 juin, son corps est retrouvé dans une mare de sang dans sa chambre. La pièce est sens dessus dessous. Goldie s'est visiblement débattue vigoureusement contre un agresseur, qui l'a vaincue : elle a été violée, battue puis poignardée et étranglée avec une serviette. À côté de son cadavre, on retrouve la casquette des Dodgers (l'équipe de baseball de Los Angeles) dont elle ne se séparait jamais, ainsi qu'un sachet en papier de graines et de miettes de pain. La nouvelle ébranle le quartier – tout le monde appréciait Goldie. Qui a pu lui vouloir autant de mal ? D'un seul et même élan, ses proches constituent une petite cagnotte, malgré leurs faibles moyens, pour pouvoir fleurir la tombe de leur amie.

De leur côté, les enquêteurs arrêtent un suspect ce jour-là : l'homme erre dans le square Pershing, les vêtements tachés de sang. Il s'appelle Jacques B. Ehlinger. Pourtant, il est rapidement relâché par les policiers, qui ne sont pas convaincus qu'il ait le moindre lien avec le meurtre. Une autre piste plus intéressante émerge.

Quelques semaines plus tôt, le 16 mai, une autre femme avait été assassinée dans sa chambre d'hôtel de Downtown LA. Elle s'appelait Viva Brown, était âgée de 50 ans et venait d'Oakland. Les rapports d'autopsie des deux victimes montraient beaucoup de similitudes dans les types d'agressions et les meurtres. Plus étrange encore, une autre femme, connue pour son habitude de nourrir les oiseaux dans le parc MacArthur, avait elle aussi été poignardée le 29 avril de la même année.

Ces crimes auraient-ils tous été perpétrés par un seul et même individu ? Un tueur en série rôdait-il dans les couloirs du Cecil Hotel dans les années 1960 ? Bien que l'affaire du meurtre de Goldie

Osgood n'ait jamais été résolue, c'est bel et bien ce que ces indices semblent indiquer...

Le 1er décembre 1976, Jeffrey Thomas Paley ouvre le feu depuis le 12e étage du Cecil Hotel et tire entre douze et quinze coups avec son fusil en direction de la rue, sans toucher personne. Lors de son arrestation, l'homme, récemment sorti d'un hôpital psychiatrique, explique à la police qu'il n'avait aucune intention de blesser quiconque mais qu'il voulait montrer à quel point il était facile, même pour quelqu'un ayant des antécédents de troubles mentaux, de se procurer une arme et de devenir un *sniper*. Il est inculpé pour attaque avec l'intention de commettre un meurtre.

Si, dans les années 1980, Richard Ramirez s'est établi au Cecil Hotel, il n'est pas le seul meurtrier à vivre dans l'établissement à cette période-là. Le 6 septembre 1988, Robert Sullivan est arrêté dans l'hôtel alors que les autorités le recherchent depuis que sa petite amie Teri Francis Craig a été poignardée à Huntington Beach. Étrangement, lorsque le corps de cette infirmière de 32 ans a été découvert, Sullivan a pris la fuite et restait introuvable. Ce n'est qu'au bout de deux mois que les enquêteurs ont retrouvé la trace du meurtrier qui se terrait dans l'une des nombreuses chambres du plus sombre hôtel de Los Angeles.

Le 1er mai 1995, aux alentours de 18 heures, la police interpelle Eric Reed qui se cachait au Cecil

Hotel alors qu'il était en cavale depuis son évasion de la prison de Castaic, où il se trouvait en détention préventive dans l'attente de son procès pour une attaque au pistolet dans les rues de Los Angeles qui avait fait un mort et trois blessés. Les autorités ayant reçu l'appel d'un informateur qui avait localisé Reed, près de 50 officiers se précipitent à l'hôtel pour interpeller le suspect dans sa chambre, la n° 412. L'opération est un succès : tout s'est déroulé sans incident et on a saisi une baïonnette ainsi que des stupéfiants dans la chambre du prisonnier évadé.

Le 18 mai 2010, un étrange incident survient. Peu avant 11 heures du matin, deux pompiers sortent d'un café sur Main Street lorsque l'un d'entre eux, Charles Anthony MacDougall, entre dans le Cecil Hotel et monte dans les étages. Selon sa version, MacDougall – au service de la ville de Los Angeles depuis dix ans – aurait été approché par un individu dans le café lui affirmant qu'un homme se trouvant dans l'hôtel avait besoin d'aide. Comme on peut le voir sur des enregistrements de vidéosurveillance, le pompier se sépare alors de son coéquipier qui, lui, reste en bas dans le hall de l'établissement, non loin de leur véhicule.

Au bout de 8 minutes, ne voyant pas Charles redescendre, son coéquipier part à sa recherche dans les étages et le retrouve dans les escaliers, poignardé à plusieurs reprises à l'épaule et au thorax.

Ses blessures l'empêchent même de se rendre le lendemain à une cérémonie au cours de laquelle il devait recevoir le Paramedic of the Year Award (« Prix de l'agent paramédical de l'année »). Mais trois semaines plus tard, des soupçons émergent : les enquêteurs ont repéré des incohérences dans l'histoire livrée par MacDougall. Le pompier, jusqu'alors perçu comme un héros, doit répondre à certaines questions. Pourquoi se trouvait-il, avec son collègue, près du Cecil Hotel ce matin-là ? Pourquoi personne n'a-t-il vu quiconque l'approcher dans le café ? Pourquoi s'est-il séparé de son coéquipier pour intervenir ? Pourquoi, ensuite, lui avoir demandé de ne pas faire mention de l'attaque devant sa petite amie ?

En 2011, les charges à l'encontre du pompier ont été abandonnées, faute de preuves. MacDougall a-t-il réellement été attaqué par une personne qui n'a jamais été retrouvée, ou a-t-il fabriqué cette histoire de toutes pièces ? Dans ce cas, pourquoi aurait-il menti ? Cherchait-il à protéger l'identité de son agresseur ou s'est-il infligé lui-même ses blessures ? Impossible de répondre à ces questions tant les différents témoins de cet étrange fait divers ont tenu à garder le silence...

24

SAN DAMON,
l'artiste fantôme du Cecil Hotel

Au début du mois de mai 2019, alors que j'effectuais des recherches sur le Cecil Hotel pour lui consacrer une vidéo sur ma chaîne YouTube, j'ai découvert un étrange paragraphe sur la page Wikipédia de l'établissement :

Section "Art"

En 2007, le photographe-plasticien, sculpteur et compositeur San Damon y séjourna avec son épouse. Ils étaient accompagnés du modèle de l'artiste, Cristina Major-Brown qui posa nue pour lui dans toutes les chambres où des évènements macabres eurent lieu, et ce dans le but d'une exposition et de l'édition d'un livre "Cécile nue, juste avant sa mort" "Cécile naked, juste before her death".

Le laboratoire dans lequel San Damon développa ses oeuvres photographiques fut victime d'un incendie, jugé non criminel par les enquêteurs, ils ne purent néanmoins pas établir la cause réelle de l'incendie. L'intégralité des photos sauf une, furent brûlées. Ceux qui eurent la chance de les voir furent saisis de stupeur par l'atmosphère qui se dégageait des oeuvres. Cristina Major-Brown nue et souvent aux prises à des airs candides était entourée de sortes d'ombres noires et pourpres. Certains soupçonnaient San Damon d'avoir fabriqué cette mise en scène, mais son modèle démenti cela.

Le jour avant leur retour en Europe,la voiture des Damon fut volée sur le parking situé en face de l'hôtel et retrouvée cabossée à la masse sur une route déserte de Passadena.

En 2008, Cristina Major-Brown, 15 ans,se suicida dans le sud de la France,on retrouva dans son lit, au premier étage, la photo, la seule photo qui restait de ces prises de vue.San Damon n'évoque jamais cet évènement[1].

Selon les données Wikipédia, ce passage aurait été ajouté en début d'année 2019, vers la fin du mois de janvier. Il a immédiatement piqué ma curiosité. J'ai ouvert la page Wikipédia de l'artiste pour en apprendre davantage. San Damon serait né à Paris en 1972. Et certaines de ses œuvres sont, selon l'article, visibles en Belgique et au Portugal.

Je poursuis et ouvre le site du Grand-Duché d'Oniroscopie, un pays immatériel créé par l'artiste en 2004, et dont la présentation est tout aussi énigmatique :

Ce qui caractérise constitutionnellement le Grand-Duché d'Oniroscopie (G.D.O.) c'est d'éviter toutes

1. Le texte est ici recopié tel quel, avec ses fautes, y compris d'espaces. « Cécile » est probablement le nom par lequel l'artiste a surnommé son modèle dans sa démarche créative.

les formes de circonlocutions ou d'emphases,pour le décrire,il n'est point nécessaire de se perdre dans des méandres verbaux.Ceci étant la volonté de son fondateur,San Damon.

À partir de cet état de faits,la constitution du Grand-Duché d'Oniroscopie (G.D.O) va droit au but et / ou pourrait-on dire droit à la phrase.

Le fondement du Grand-Duché d'Oniroscopie (GDO) tient particulièrement à faire observer,ce qui devrait être le cas pour tout Etat mais qui est peu ou pas respecter dans ce monde,la liberté dans le sens pertinent et essentiel de son étymologie. Animaux et humains sont égalitaires en droit,mais l'humain a un autre devoir en plus,celui de protéger l'animal et l'environnement végétal.

Les fautes d'orthographe et d'espaces autour de la ponctuation de ce paragraphe m'interpellent : elles ressemblent, par bien des aspects, à celles qu'on retrouve dans le récit se trouvant sur la page du Cecil Hotel. Je ne suis ni linguiste ni experte en écriture, mais ces similitudes me laissent à penser que la même personne a rédigé ces deux textes.

Le site web du Grand-Duché d'Oniroscopie est particulièrement riche en pages et en liens externes, tous tournant autour du travail de San Damon et des sujets qui lui semblent chers : la lumière, la religion, la cause animale. À de très nombreuses reprises, dans tous les articles recensés par le site, les propos concernant l'artiste sont dithyrambiques. Il est présenté comme un artiste de renommée mondiale, aux œuvres novatrices, dont les films ont été vus par des millions de personnes. Cependant, je remarque que les pages sur lesquelles je lis ces textes sont peu sérieuses, ce sont des blogs gratuits sans sources, pas de grands journaux reconnus. Cela me donne immédiatement l'impression que l'artiste n'a pas vraiment la notoriété qu'il se targue d'avoir.

San Damon est omniprésent : on le retrouve sur la plupart des plateformes et des réseaux sociaux courants (Facebook, Twitter, Instagram, YouTube, Dailymotion, Vimeo) et pourtant aucune photographie de lui n'existe. Il s'agit peut-être là d'une précaution ou d'une volonté de préserver son anonymat, comme le font d'autres artistes tels que Banksy ou les Daft Punk. Mais paradoxalement, je ne trouve que peu d'articles faisant référence à son travail. Un gouffre semble exister entre la renommée de l'artiste telle qu'elle est décrite sur son propre site et ce qu'on peut trouver à son sujet sur le reste d'Internet.

En explorant plus encore cet étrange univers, je tombe sur une nouvelle section du site du Grand-Duché d'Oniroscopie, intitulée « The Labyrinth ».

Une photo de paysage très flou aux teintes pastel illustre cette partie du site. La légende, rédigée en français et en anglais, est particulièrement mystérieuse :

Cheminement
Indices
Codes
Lieux inattendus
Gains

Films-pistes
Date d'ouverture du labyrinthe, 6 octobre 2019 ou....est-il déjà ouvert[1] ?

En 2019, je pense à une sorte de jeu interactif, comme une chasse au trésor ou encore un jeu de piste sur le Web. C'est ce qu'on appelle un ARG (*Alternate Reality Game*), un jeu en réalité alternée. Ces jeux, de plus en plus répandus sur Internet, ne sont jamais annoncés comme tels. Au contraire, ils prennent souvent l'apparence de la réalité et de véritables faits, démarrant sur les réseaux sociaux par des posts d'une personne apparemment authentique, brouillant ainsi les limites entre fiction et réalité.

Cette découverte me rassure, en un sens. Le paragraphe racontant l'épisode des photographies, de l'incendie et de la mort d'une jeune adolescente, la « Cécile » de la série de photos évoquée un temps sur la page Wikipédia de l'hôtel ne serait, en réalité, qu'un morceau du puzzle lancé par un artiste en pleine création d'un jeu interactif.

Pourtant, un sentiment de malaise ne me quitte pas.

Une autre section, intitulée « cercle privé », semble inaccessible. La page précise que sans code « *personnel et validé par le Grand-Duché d'Oniroscopie* », le visiteur sera automatiquement redirigé vers « *la frontière du pays* », soit la page d'accueil du site.

1. Depuis que cette date est passée, la section a changé. On y trouve désormais un boîtier dans lequel on est prié d'entrer un mot de passe pour accéder à une autre page verrouillée désignée comme une « zone protégée ».

Je décide de poster ma vidéo sur le Cecil Hotel avec la référence à San Damon, bien que n'ayant pas réussi à mener mes recherches aussi loin que je l'aurais souhaité. Très vite, ma communauté réagit positivement à ce chapitre « San Damon » et ensemble, nous décidons de poursuivre la discussion sur le sujet et d'échanger nos hypothèses. Plusieurs abonnés enquêtent même avec assiduité. C'est par exemple grâce à Nicolas M. que j'obtiens la confirmation que la section du labyrinthe donne accès, une fois le bon mot de passe entré, à une zone cachée du site.

Dans les lignes de code de la page, il découvre même plusieurs mots-clés intéressants qui semblent confirmer l'hypothèse d'un jeu :

> *<meta name = "description" content = the Hallway, game, films-pistes, code, indices, gains, jeu étrange, strange game">*

Céleste H. remarque qu'on retrouve également la mention de San Damon sur la page Wikipédia d'un autre hôtel célèbre, le Chelsea Hotel de New York, réputé pour avoir accueilli tout le gratin artistique des années 1960 et 1970 : Stanley Kubrick, William S. Burroughs, Bob Dylan, Janis Joplin, Nikki de Saint-Phalle, Jimi Hendrix, Christo, Patti Smith et Robert Mapplethorpe, etc. Le lieu est aussi célèbre pour avoir été le théâtre de l'assassinat de Nancy Spungen, la compagne de Sid Vicious en 1978, dont les circonstances de la mort n'ont jamais pu être élucidées même si le bassiste des Sex Pistols, décédé quatre mois plus tard d'une overdose, a été mis en cause...

Voici ce qu'on peut lire :

San Damon, descendu sous le nom de Faust[1], *y joue une série de partie d'échecs contre Bobby Fischer*[2] *(faits toujours niés par Damon, qui y laissa pourtant une de ses œuvres photographiques).*

Dans la version anglaise de cette page, cette anecdote, qui semble encore une fois avoir été inventée, n'est, sans surprise, pas relatée et aucun élément ne permet de la confirmer.

Une autre personne de ma communauté, Cybelia H., parvient à entrer en contact avec un membre de l'équipe de San Damon. Aux questions concernant l'artiste et le labyrinthe, une dénommée Nathy répond :

Je vous suggère d'entrer dans le pays virtuel.L'Art oniroscopique y est très expliqué,Musées, Oeuvres photographiques,sculpturales, littéraires... USW aussi.
[...]
Je vous dis ce que tout le monde sait,je ne suis pas habilité à vous en dire davantage.

1. Le docteur Faust est un personnage de fiction issu de contes traditionnels allemands qui vend son âme au diable en échange de la jeunesse, du savoir ou du plaisir, selon des versions.

2. Bobby Fischer est un célèbre joueur d'échecs devenu champion du monde de la discipline en 1972, à l'âge de 14 ans seulement, face au Russe champion en titre Boris Spassky.

Toujours cette même façon bien spécifique d'écrire. Je me demande – et je suis loin d'être la seule – si San Damon n'est pas encore une fois lui-même derrière tout ça. D'ailleurs, quelle preuve avons-nous de l'existence physique de cet artiste ? Il peut tout à fait s'agir d'un homme, d'une femme ou bien d'un collectif, une entité derrière un nom étrange.

Étant donné les différences de tons employés selon les messages et les plateformes, ma préférence va plutôt à la dernière hypothèse. Cependant, le style d'écriture unique, lui, me laisse un doute.

Ce qui est troublant, c'est qu'il existe de longues interviews vidéo de personnalités reconnues et bien insérées dans la société (avocats, médecins, compositeurs, etc.) qui évoquent le travail de San Damon de façon très élogieuse. Bien que leurs propos semblent dictés et parfois sibyllins, cela contribue à rendre son existence crédible. De plus, l'artiste a apparemment fait une installation en 2005 à Bruxelles, en collaboration avec la mairie, où il a éclairé une avenue en magenta (couleur qui paraît importante pour San Damon et qui revient souvent dans son travail).

À la suite de la publication de ma vidéo, je reçois plusieurs messages qui, dans leur forme comme leur fond, me donnent encore l'impression que j'ai directement affaire à la personne qui se cache sous le nom de San Damon. Certains sont sympathiques, d'autres virulents, me mettant en garde contre « une personne procédurière » et des poursuites judiciaires pour diffamation. À chaque fois, en tout cas, ils brouillent un peu plus les pistes concernant l'identité du fameux artiste... L'un de ces commentaires anonymes apporte de nouvelles précisions concernant le passage de San Damon au Cecil Hotel :

> *Cristina Major-Brown s'appelle en fait Christine Jarma (l'anagramme de Major). Elle s'est bien suicidée en 2008 mais à l'âge de 25 ans et les photos ont été faites en 2007, elle avait donc 24 ans.* [...]
>
> *San Damon, son épouse et Cristina était bien au Cecil hôtel pour la parution d'un bouquin (l'éditeur n'existant plus, sa veuve me l'a confirmé).* [...]
>
> *Les photos ont été achetées par un collectionneur fortuné, elles n'ont pas toutes disparue dans l'incendie, en tout cas pas comme décrit dans l'article. Damon les a refaites depuis ses planches-contacts.* [...] *Dernière anecdote, la voiture des Damon en Californie, celle qui a été volée, comportait dans les chiffres de l'immatriculation trois 6, pure coïncidence évidemment, mais pas pour ceux qui croient au paranormal, ce fut une raison, à mon avis grotesque, de partir dans un délire*[1].

C'est à présent la deuxième fois que, d'une façon indirecte, les anecdotes concernant San Damon le relient en quelque sorte au diable. D'ailleurs, l'étymologie de ce nom est intéressante. Damon/Dæmon, en grec ancien, désigne un esprit, un génie ou encore un démon. Il n'est initialement ni bienveillant ni malveillant, c'est une créature spirituelle

1. Encore une fois, ces extraits du message sont retranscrits tels quels.

qui, selon les textes, peut faire le bien comme le mal. Le mot est à la racine de plusieurs termes qui ont évolué dans des sens tout à fait opposés : divin et démoniaque. Encore une fois, le choix est laissé à notre libre interprétation.

25

SAN DAMON,
tous perdus dans un labyrinthe de pistes

Plus tard, mon abonné Nicolas M. parvient à reprendre contact avec l'équipe de San Damon concernant le labyrinthe et les cartes d'identité délivrées par le Grand-Duché. Voici le message qu'il reçoit :

La carte d'identité est achetée par les collectionneurs uniquement et encore pas toujours.Le labyrinthe étant plus qu'un jeu,il n'est ouvert qu'aux personnes qui souvent se connaissent.

Nous sommes en train de mettre en place un labyrinthe parallèle,quelque peu différent qui devrait être ouvert à un plus grand nombre de gens mais cela partira de toute façon dans une sorte de cercle privé,soit via un double site ou pourquoi pas dans une page facebook codée.J'espère avoir répondu à votre question.

Cordialement.

Tout cela est bien mystérieux. Évidemment, il s'agit peut-être d'un simple jeu entre adeptes du travail de San Damon. Rien n'indique réellement que le labyrinthe conduise plus loin, mais notre esprit curieux tend à vouloir combler les zones d'ombre.

Imprégnée des récits d'organisations secrètes, de sectes et de complots, je ne peux m'empêcher de faire le lien avec le Pizzagate[1] ou l'affaire NXIVM[2], et de laisser mon esprit divaguer vers une version bien plus sombre de ce labyrinthe.

Je reçois d'ailleurs sur YouTube un commentaire qui alimente ces fantasmes :

> *Pour ma part,je partage l'idée de l'entité.J'ai moi-même été à une expo de San Damon à Paris et il était là,je l'ai vu de mes yeux vus et six mois plus tard, en vacances à Londres,j'ai été à une autre expo de San Damon,il était là,et quel fut mon désarroi, ce n'était pas la même personne. J'ai voulu lui parler,mais immédiatement je suis tombée sur des types pas commodes qui m'ont demandé la raison de mon approche. Style église de scientologie....et quelqu'un dans les commentaires en parle,c'est un peu leurs trucs.À Londres,j'avais une amie qui était commis du traiteur lors de l'expo et elle a apprit,coïncidence, que beaucoup de stars d'Hollywood ont des oeuvres de*

1. À la suite de la fuite d'e-mails personnels de John Podesta, l'ancien directeur de campagne d'Hillary Clinton, une théorie du complot affirme qu'eux et de nombreuses personnes influentes font partie d'un réseau pédocriminel caché dans une pizzeria de Washington, le Comet Ping Pong. Il s'agit d'une théorie qui n'a pas été démontrée.

2. La secte Nexium, dirigée par Keith Raniere, aidé de célébrités comme Allison Mack et Clare Bronfman, a exploité sexuellement et mutilé de nombreuses jeunes femmes pendant près de vingt ans sous couvert de proposer des formations de « développement personnel ». Il s'agit de faits avérés ayant donné lieu à des condamnations.

San Damon. Tom Cruise, John Travolta, Laura Prepon et.... tous scientologues. Attention, c'est une rumeur, je n'ai pas de preuves officielles, personne n'en a d'ailleurs, tout est toujours nébuleux. Mais c'est troublant et ce n'est pas la seule chose.

Encore une fois, cela semble inventé de toutes pièces. Le style et les propos sur l'importance grandiose de San Damon sont, comme j'en ai l'habitude à présent, en décalage complet avec la réalité. Il semblerait qu'une ou plusieurs personnes s'amusent à semer çà et là des indices pour épaissir encore le brouillard autour de l'artiste. Est-ce un simple jeu ? Une façon d'attirer l'attention ? Ou bien un malin tour de passe-passe pour donner l'illusion que l'organisation et la manipulation derrière tout ça n'existent pas ?

Dans ma quête pour mieux comprendre qui peut se cacher derrière le mystérieux artiste, je passe en revue les publications du compte Twitter associé au site internet du Grand-Duché d'Oniroscopie, @ArtPlasticRoad. Les posts y sont nombreux, courts, centrés sur la thématique de la maltraitance animale, une cause importante pour San Damon qui fait d'ailleurs partie des signataires d'une tribune du Parti animaliste.

Sur Twitter, cependant, le compte associé au GDO, le Grand-Duché d'Oniroscopie, est particulièrement virulent. Les tweets sont empreints d'agressivité et de misogynie : *« enculés d'humains, la race humaine doit crever et disparaître », « cette peine-à-jouir promue par son cul ou pas le suscre de la parité est comme 99 % des femmes incompétante. barre-toi conne »...*

Bien que ces propos soient extrêmement violents, je suis tout de même étonnée de constater que les publications ne sont jamais « likées » par qui que ce soit, malgré les plus de 8 000 abonnés au compte.

Sur la chaîne YouTube SanDamonphotographe, on peut voir quatre vidéos quasi identiques, tournées lors d'un vernissage de l'artiste par un dénommé Costa Tellos qui serait un réalisateur « étudiant en art plastique » (et qui, encore une fois, écrit de la même façon singulière, sans laisser d'espaces après les virgules). Durant la soirée, San Damon dévoile une affiche, placée dans une cage, sur laquelle est imprimé le portrait de Guillermo Vargas, un artiste costaricain accusé d'avoir laissé mourir de faim un chien lors d'une « performance artistique » en 2007 dans une galerie au Nicaragua. Un texte accompagne la photographie :

> *On m'appelle Guillermo Vargas et ma tête est mise à prix pour 1$ par San Damon.*
>
> *Mais j'en offre 20.000$ à celui qui flinguera l'enculé que je suis et 50.000$ si je souffre jusqu'à l'agonie.*
>
> *Inclus dans cette mise à prix : Raphaël Zurger et Juanita Bermudez ainsi que tous ces lâches qui ont fermé les yeux sur cette barbarie.*
>
> *Cette mise à prix est une fiction et l'éditeur responsable s'exonère de toute responsabilité en ce qui concerne la reproduction par des tiers de cette œuvre.*

Je reprends mon enquête en 2021. Nous ne sommes toujours pas parvenus à obtenir le mot de passe pour entrer dans le labyrinthe ou dans les fameux « cercles privés » du GDO. Le seul moyen d'y arriver serait de faire une demande de « carte d'identité », mais pour l'obtenir, il faut envoyer ses coordonnées personnelles et payer un montant qui n'est pas indiqué sur le site. Une démarche que ni moi ni mes acolytes enquêteurs n'avons réellement envie d'entamer...

Le paragraphe dédié au passage de Damon et de son modèle Cristina Major-Brown au Cecil Hotel en 2007 a disparu de Wikipédia. Quelqu'un l'a supprimé en 2019 pour motif d'« autopromotion et manque de sources », confirmant mon pressentiment sur le fait que l'auteur initial était probablement l'artiste lui-même ou quelqu'un de son équipe.

Deux nouvelles pages concernant San Damon ont cependant fait leur apparition sur le Net.

La première est un nouveau site dédié au musée de l'artiste, le San Damon Museum. On y apprend que l'artiste serait désormais installé au Japon avec sa femme Mélodie, mais qu'il aurait également ouvert un grand musée à Nassau, aux Bahamas, pour y exposer ses œuvres. Le site est d'ailleurs agrémenté de nombreuses photos de la bâtisse, sur lesquelles il semble évident, même pour un œil novice, que les œuvres de Damon ont été « photoshopées » pour donner l'impression qu'elles sont accrochées aux murs en grand format. Une rapide recherche inversée sur Google Images me permet d'ailleurs de le confirmer puisque je retrouve des images des pièces du prétendu « musée » dans des annonces immobilières pour maisons de luxe à Miami.

Dans une interview de l'artiste retranscrite sur le site web, San Damon sous-entend être le voisin de nombreuses stars hollywoodiennes qu'il évite de côtoyer parce que « *ce n'est pas trop [son] truc, sauf si les mecs ne se la jouent pas* ». Pourtant, il ne se fait pas prier pour donner de nombreux détails sur ses soirées mondaines.

Les différentes pièces fictives du musée virtuel portent des noms mystérieux : la Chambre de SOG, la boîte Magenta, le Cercle S, la Naked Room... La description de l'une d'elles, le « Salon pour collectionneurs », m'interpelle et je pense immédiatement au labyrinthe :

> *Chers amis collectionneurs,*
>
> *Le salon « galerie » dont nous avons parlés lors du discours d'ouverture du San Damon Museum est désormais à votre disposition. Il est possible d'y voir les différentes collections de San Damon, toutes disciplines confondues.*
>
> *Le code secret que vous avez reçu à l'inauguration sera changé toutes les semaines. Il vous suffit, soit par le code de votre carte d'identité du Grand-Duché d'Oniroscopie via NFC technology ou soit par courriel via le protocole codex du Musée et votre signature codée de reconnaissance par PDF de nous contac-*

ter pour recevoir le nouveau code. À très bientôt et excellente visite.

Puisque le musée n'existe pas, ou en tout cas pas tel qu'il est présenté sur le site, je me demande à quoi peut bien donner accès cette nouvelle zone protégée par un mot de passe. D'autant que ce paragraphe est bourré d'incohérences. S'agit-il simplement de faire semblant, depuis le début ? Le musée, le Grand-Duché, tout cela ne serait que le délire mégalomane d'une personne prétendument artiste ?

Tout me porte à croire que se cache derrière cette identité quelqu'un qui tente d'attirer l'attention sur son travail et les causes qui lui sont chères. Des questions continuent de me tarauder : À quoi donnent accès le labyrinthe et le Salon des collectionneurs ? S'agit-il seulement de pouvoir y admirer les œuvres d'un artiste mégalomane et mythomane ? Est-ce une simple arnaque ? Ou quelque chose de plus tordu ? Pourquoi le nom de San Damon a-t-il été associé à l'histoire du Cecil Hotel dans cette anecdote perturbante mêlant forces occultes et pédocriminalité ?

Est-ce mon esprit, nourri aux affaires les plus sombres, qui surinterprète les indices laissés par une personne instable qui s'amuse à titiller ma paranoïa ?

La seconde « nouvelle » page est un article sur la Désencyclopédie, une sorte de parodie de Wikipédia à visée satirique. L'article est assez long, le ton y est plutôt grossier, misogyne, absurde. Le propos est bien sûr tourné en dérision, dans un objectif humoristique, et j'en tire bien peu d'éléments consistants pour mieux cerner le personnage. Je remarque tout de même qu'encore une fois, les espaces autour de la ponctuation sont parfois oubliés... La fin de la page renforce encore le mystère autour de Damon :

> *Dernière révélation,San Damon n'existe pas, c'est lui qui me l'a dit.*

Épilogue

Une nouvelle ère pour le Cecil Hotel

Aujourd'hui, le Cecil Hotel entame sa transformation et s'apprête à accueillir ses nouveaux résidents. L'immeuble est longtemps resté vide, à l'exception de quelques gardiens et de résidents de longue durée.

En attendant, le lieu a continué de nourrir l'imaginaire américain. Ainsi, en 2015, la série horrifique d'anthologie *American Horror Story* a consacré sa cinquième saison, *Hotel*, à l'histoire étrangement familière d'un hôtel hanté et maudit de Los Angeles. Inspirés par l'affaire Elisa Lam, les créateurs de la série, Ryan Murphy et Brad Falchuk, ont choisi un établissement fictif, dénommé le Cortez, comme huis clos pour cette saison particulièrement sanglante.

Les ressemblances entre le Cortez et le Cecil sont frappantes : un hall dans le style Beaux-Arts digne des plus beaux palaces, des chambres lugubres, un ascenseur où se croisent clients et habitués inquiétants... Tout y est. Si bien, d'ailleurs, que beaucoup de personnes sont aujourd'hui persuadées que la série a été tournée au Cecil Hotel, ce qui n'est pas le cas puisque les scènes d'intérieur ont principalement été tournées en studio, et que les prises de vues extérieures (notamment de la façade) ont été réalisées au James Oviatt Building, un immeuble de Los Angeles classé monument historique.

Dans *Hotel*, de nombreuses histoires s'entrecroisent : on suit les parcours de la Comtesse (interprétée par Lady Gaga) qui dirige l'établissement d'une main de fer, de l'inspecteur John Lowe (Wes Bentley) sur les traces de l'inquiétant tueur en série aux Dix Commandements et des nombreux employés et habitués de l'hôtel, tous plus tourmentés les uns que les autres.

On y croise également le fantôme de James Patrick March (joué par Evan Peters), le premier propriétaire de l'hôtel, qu'il a fait construire dans les années 1920 pour y assouvir ses pulsions meurtrières. Ce personnage est fortement inspiré d'un véritable tueur en série américain, H.H.Holmes, qui fit aussi construire un hôtel à la fin du XIXe siècle à Chicago, dont la particularité était de posséder de nombreuses salles piégées destinées à tuer ses victimes. Lorsqu'il fut arrêté, Holmes – de son véritable nom Herman Webster Mudgett – a reconnu 27 meurtres mais les enquêteurs le soupçonnent d'avoir assassiné près de 200 personnes.

Si le scénario de cette saison n'est pas le meilleur parmi tous ceux que la série a pu nous proposer, l'ambiance visuelle, les décors, la bande-son et les personnages hauts en couleur y sont magistraux. L'hôtel Cortez lui-même devient l'un des protagonistes de l'histoire : à l'instar du Cecil, il semble être mû par une volonté singulière, suivre sa propre destinée et son magnétisme lugubre fait sombrer tous ceux qui y pénètrent dans une folie violente et angoissante.

C'est en son sein également que se tient la Nuit du diable chaque 30 octobre. Dans la série, il s'agit d'un événement glaçant au cours duquel plusieurs des tueurs en série américains notoires se réunissent : les esprits d'Aileen Wuornos, Jeffrey Dahmer, John Wayne Gacy, Richard Ramirez et du Zodiaque se retrouvent chaque année pour dîner ensemble et torturer une victime innocente, sur invitation de James Patrick March.

Les références à la culture criminelle américaine sont toujours très nombreuses dans les œuvres réalisées par Ryan Murphy, sortes de clins d'œil cyniques à une société qui baigne dans l'ultraviolence et a érigé ces meurtriers au rang d'icônes macabres.

La saison *Hotel*, qui mêle glamour – un des personnages porte le nom de Liz Taylor –, érotisme (à la limite de la pornographie) et hémoglobine est à l'image du Cecil Hotel : un lieu extrêmement sombre et magnétique, propre à nourrir les fantasmes les plus décadents.

L'hôtel s'est aussi subtilement invité, à deux reprises, dans des clips de rock célèbres.

Le 27 mars 1987, les membres du groupe irlandais U2 se trouvent à Los Angeles. Ils décident d'installer leurs instruments sur le toit d'un magasin de spiritueux situé sur Main Street, à l'angle de la 7e Rue, pour y improviser un concert non autorisé par la police et y tourner leur prochain clip. L'équipe technique a renforcé le toit du bâtiment afin d'éviter qu'il ne s'effondre sous le poids du groupe, des équipes et du matériel. La musique de U2, alors au sommet de son succès, dont les concerts sont complets aussitôt annoncés, résonne dans le quartier de Skid Row. Des passants intrigués et des fans se rassemblent sur les trottoirs alentour pour profiter du spectacle ; des policiers surpris arrêtent la circulation pour éviter les accidents...

Le chanteur Bono et ses musiciens jouent huit chansons avant d'être interrompus par la police (bien que celle-ci ait tout de même laissé au groupe le temps de finir ses prises de vues pour la réalisation de la vidéo). Derrière les musiciens, sur de nombreux plans, se dresse la silhouette massive du Cecil Hotel. Une présence impossible à rater tant elle revient de façon récurrente, imposante masse de béton beige en arrière-plan déployant une grande bannière publicitaire verte sur laquelle l'hôtel annonce ses prix avantageux.

Les images de cette journée deviendront la vidéo officielle de *Where The Streets Have No Names*, l'un des plus grands tubes de U2, qui remporta en 1988 le Grammy Award du meilleur clip.

Les 2 et 3 mai 2001, les membres du groupe de musique punk Blink-182 tournent le clip de leur chanson *The Rock Show* à Los Angeles. Ils encaissent le chèque de leur boîte de production pour sa réalisation et retirent la somme en cash pour le dépenser d'une façon inattendue : plutôt que de créer un clip conventionnel, ils se filment en train de distribuer l'argent à des personnes au hasard, dans le centre de LA et notamment à Skid Row. Ils offrent des liasses de billets à plusieurs sans-abri, les emmènent dans des salons de coiffure et des boutiques pour les relooker, achètent une télévision qu'ils fracassent à la batte et montent sur le toit d'un petit commerce, depuis lequel ils font tomber une pluie de billets sur les passants. Ce toit est celui du magasin accolé au Cecil Hotel, dont on peut apercevoir à plusieurs reprises la façade et les fenêtres.

Même si l'établissement ne fait pas partie, à proprement parler, du clip de Blink-182, les images donnent un aperçu de la pauvreté du quartier au début des années 2000.

Au moment où j'écris ces lignes, en février 2022, l'annonce de la réouverture du Cecil vient tout juste d'être relayée dans les médias. À cette occasion, Sierra Atilano, directeur de l'immobilier et des investissements chez Skid Row Housing Trust a déclaré :

Le Cecil Hotel est un exemple parfait des solutions audacieuses et créatives nécessaires pour répondre en partie à la crise du logement des sans-abri. Nous sommes fiers de nous associer à Simon Baron Development pour accueillir dans ces murs 600 voisins actuellement sans domicile ou en situation d'insécurité du logement.

Et Matt Baron, directeur général de Simon Baron Development, d'ajouter :

Nous sommes vraiment ravis d'apporter une solution au nombre croissant de personnes qui souffrent dans la rue et qui ont besoin d'être logées.

Cette réouverture était attendue avec impatience par de nombreux passionnés de *true crime* du monde entier, avides de pouvoir à leur tour s'y rendre, explorer ses couloirs et emprunter son fameux ascenseur[1]. Pendant toute la durée de la fermeture du lieu, presque quotidiennement, les gardes présents sur place jour et nuit étaient interpellés par des curieux qui souhaitent obtenir un accès privilégié à ce lieu intrigant. Influenceurs, médiums, chasseurs de fantômes... Plusieurs d'entre eux sont d'ailleurs parvenus à obtenir des laissez-passer pour s'y faufiler pendant quelques dizaines de minutes afin d'y capter des images plus ou moins inédites.

La célèbre émission *Ghost Adventure* y a même consacré un épisode entier, dans lequel des experts en enquêtes paranormales ont exploré l'hôtel et tenté d'y filmer des preuves de présences fantomatiques.

1. Ce phénomène, nommé *dark tourism* (traduit en français par « tourisme noir », « tourisme macabre » ou encore « thanatotourisme »), consiste à visiter des lieux en lien avec la mort ou la souffrance, parce qu'ils sont associés soit à des crimes, soit à des pertes humaines considérables. Il s'agit d'une forme de tourisme controversée, surtout du fait des tours payants qui peuvent y être organisés par des guides peu scrupuleux, surfant sur la vague d'un intérêt grandissant pour le sordide.

ÉPILOGUE

Au XXIe siècle, alors que la plupart des centres-villes ont tendance à se gentrifier et s'aseptiser, il y a fort à parier que le quartier de Los Angeles Downtown – à l'instar de celui de Lower New York, lui aussi longtemps malfamé – sera bouleversé. Et un jour, peut-être, le Cecil Hotel ne sera plus qu'un lointain souvenir des années les plus noires de la Cité des anges.

Sources

Pour ce livre, comme pour mes vidéos YouTube, je fais mes recherches majoritairement sur Internet, et je vérifie sur différents sites tous les faits, les dates, les citations, les noms : sites de journaux du monde entier, vidéos sur YouTube, témoignages en ligne, Wikipedia (qui est un intéressant point de départ), archives, etc. Je croise et recroise chaque information. Il arrive bien sûr que celles-ci diffèrent d'un site Internet à l'autre, je tente alors de livrer les informations les plus justes ou de mettre en avant différentes hypothèses. Mais, malgré mes efforts, il est possible qu'une information m'ait m'échappée ou qu'une erreur se soit glissée dans un récit. Je me tiens à votre disposition pour en discuter.

HISTOIRE DU CECIL HOTEL

Richard Estep, *American Hotel Story, History, Hauntings and Heartbreak in L.A.'s Infamous Hotel Cecil*, publication indépendante, 2021

https://en.wikipedia.org/wiki/Cecil_Hotel_(Los_Angeles)
https://en.wikipedia.org/wiki/List_of_deaths_and_violence_at_the_Cecil_Hotel
https://www.nouvelobs.com/societe/20140930.AFP7178/los-angeles-skid-row-la-cite-des-anges-dechus.html
https://bizarrela.com/2016/03/cecil-hotel-suicide/
https://www.mentalfloss.com/article/641000/cecil-hotel-los-angeles-facts?a_aid=45728
https://thetab.com/uk/2021/02/12/history-timeline-death-murder-the-cecil-hotel-194916
https://www.reddit.com/search/?q=cecil%20hotel
https://www.grunge.com/312775/messed-up-true-stories-from-the-cecil-hotel/
https://encrypted-tbn0.gstatic.com/images?q=tbn:ANd9GcRNl-jNrmn46rY4BSrjPpQGwh0rze7LnCY6fYKomN31dtSdkRhfp0H4VnZVXnWaYWvfi9A&usqp=CAU
https://www.kcet.org/history-society/the-suicide-the-hotel-cecil-and-the-mean-streets-of-l-a-s-notorious-skid-row
https://ichi.pro/fr/bienvenue-a-l-hotel-california-178852534298544
https://www.therichest.com/shocking/15-creepy-and-mysterious-deaths-that-happened-at-the-cecil-hotel/
http://www.city-data.com/forum/true-crime/2832029-cecil-hotel-los-angeles-4.html
https://www.aa.org/newsletters/en_US/f-151_markings_fall09.pdf
https://miro.medium.com/max/724/0*lX_q9NQSRbLZJ1fj.jpg
https://theyearofhalloween.files.wordpress.com/2013/07/raymond-d-hair-murderer-and-hotel-cecil-guest-arrested-jan-14-19501.jpg
https://theyearofhalloween.com/2013/07/04/check-out-anytime-you-like-the-macabre-history-of-hotel-cecil/
https://theladydicks.com/haunted-cecil-hotel-part-1/

https://theladydicks.com/haunted-hotel-cecil-elisa-lam-jack-unterweger/
https://www.firehouse.com/home/news/10464065/la-firefighter-allegedly-lied-about-stabbing
https://spectrumnews1.com/ca/la-west/housing/2021/12/14/cecil-hotel-reopening-affordable-housing

ELISA LAM

https://www.youtube.com/watch?v=zDYFELi_Cgk
https://fr.wikipedia.org/wiki/Affaire_Elisa_Lam
https://en.wikipedia.org/wiki/Death_of_Elisa_Lam
https://www.youtube.com/watch?v=ARjoBe5CxBo
https://www.youtube.com/watch?v=cnC_IZIz0sM&t=1s
https://www.latimes.com/entertainment-arts/tv/story/2021-02-10/netflix-the-vanishing-at-the-cecil-hotel-crime-scene-elisa-lam
https://www.reddit.com/r/elisalam/comments/msk0ai/a_quick_recap_of_what_happened_to_elisa/
https://www.reddit.com/r/elisalam/comments/lyp5l3/the_coincidences_in_elisa_lams_case/
https://www.franceculture.fr/sciences/dou-vient-la-peur-du-chiffre-13
https://fr.wikipedia.org/wiki/Dark_Water_(film,_2002)
https://i.pinimg.com/originals/ab/79/49/ab7949b3fa703ce4ed1f3d43155ae6ba.jpg
https://www.leparisien.fr/faits-divers/los-angeles-un-cadavre-retrouve-dans-le-reservoir-d-eau-d-un-hotel-22-02-2013-2589107.php
https://www.reddit.com/r/elisalam/comments/lngbxe/elisas_phone/
https://theghostinmymachine.com/2020/04/27/on-the-elevator-game-the-history-of-an-urban-legend-and-

its-real-life-connections-consequences-japan-korea-2ch-minato-ward-elevator-accident-elisa-lam-stay-on-main-cecil-hotel/
https://web.archive.org/web/20160304132304/https://plexus-pi.com/wp-content/uploads/2015/10/Undisputed-Material-Facts.pdf
https://www.youtube.com/watch?v=1YO4QbaNDjI
https://web.archive.org/web/20150203080130/http://www.lamag.com/crimeinla/gloom-service-a-night-at-the-cecil-hotel-where-serial-killers-and-eerie-deaths-abound/
https://www.insider.com/elisa-lam-netflix-crime-scene-vanishing-at-the-cecil-hotel-2021-2#how-exactly-did-lam-end-up-in-the-water-tank-1
http://etherfields.blogspot.com/?m=1
http://www.psychomedia.qc.ca/dsm-5/2015-12-13/criteres-diagnostiques-trouble-bipolaire
https://www.ulyces.co/longs-formats/american-horror-story-episode-1-la-mort-delisa-lam/
https://www.ulyces.co/longs-formats/dans-les-couloirs-du-cecil-hotel-en-quete-de-verite/
https://oag.ca.gov/sites/all/files/agweb/pdfs/missing/adults/adults_11-13_reports.pdf

ELIZABETH SHORT

Donald H. Wolfe, *The Black Dahlia Files : the Mob, the Mogul and the Murder*, Harper Paperbacks, 2006

https://fr.wikipedia.org/wiki/Affaire_du_Dahlia_noir
https://en.wikipedia.org/wiki/Black_Dahlia
https://en.wikipedia.org/wiki/Black_Dahlia_suspects#George_Hodel

https://crimereads.com/the-black-dahlia-history-los-angeles-cold-case/
http://www.lmharnisch.com/thomas.html
https://www.theguardian.com/us-news/2016/may/26/black-dahlia-murder-steve-hodel-elizabeth-short
https://www.mentalfloss.com/article/572113/the-black-dahlia-murder-facts
https://www.novelsuspects.com/articles/a-brief-history-of-the-black-dahlia/
https://www.reddit.com/r/UnresolvedMysteries/comments/ibwpm5/is_it_possible_that_the_black_dahlia_was_just_one/
https://www.reddit.com/r/UnsolvedMysteries/comments/ouzsno/the_black_dahlia_the_long_strange_history_of_los/
https://ladailymirror.com/2011/11/19/hollywood-model-dies-of-botched-abortion-nov-19-1941/
https://www.beauxarts.com/grand-format/ep-2-le-dahlia-noir-un-crime-surrealiste/
https://en.wikipedia.org/wiki/Cleveland_Torso_Murderer
https://www.laweekly.com/in-1947-a-month-after-the-black-dahlia-the-lipstick-murder-shocked-l-a/
https://www.pulpinternational.com/pulp/entry/Crime-scene-photos-from-the-Jeanne-French-murder-scene-1947.html
https://www.newspapers.com/clip/9519358/la-evelyn-winters-odd-person-who-found/
http://www.theblackdahliainhollywood.com/?p=1030
https://ichi.pro/fr/mysteres-non-resolus-docteur-genie-tueur-en-serie-95297954652211
https://en.wikipedia.org/wiki/George_Hodel#Comparisons_to_the_Zodiac_killer
https://stevehodel.com/2019/01/24/la-head-dda-stephen-kay-2006-video-interview-black-dahlia-red-lipstick-murders-solved/

https://la.curbed.com/maps/black-dahlia-i-am-the-night-los-angeles

RICHARD RAMIREZ

Philip Carlo, *The Life and crimes of Richard Ramirez, the Night Stalker*, Citadel Press Books, Kensington Publishing Corps, 1996, 2006.

https://www.youtube.com/watch?v=qSJAq1SwF6Q
https://murderpedia.org/male.R/r/ramirez-richard.htm
https://en.wikipedia.org/wiki/Richard_Ramirez
https://fr.news24viral.com/les-choses-les-plus-bizarres-a-propos-du-night-stalker/
https://stmuscholars.org/creating-a-monster-richard-ramirez-the-night-stalker/comment-page-4/
https://crimeviral.com/2021/03/richard-ramirez-cousin-mike-5-disturbing-facts/
https://www.thesun.co.uk/tv/13783520/netflix-night-stalker-left-out-richard-ramirez-cousin-wedding/
https://www.ozy.com/true-and-stories/when-killers-come-to-your-church-growing-up-in-the-church-of-satan/96050/
https://www.marieclaire.com/culture/a35217746/where-is-detective-gil-carrillo-now-night-stalker/

JACK UNTERWEGER

John Leake, *The Vienna Woods Killer : a writer's double life*, Granta Books, 2007

Podcast : “Tueurs en série, Jack Unterweger” sur Spotify

https://en.wikipedia.org/wiki/Jack_Unterweger
https://fr.wikipedia.org/wiki/Jack_Unterweger#cite_note-NYT-8
https://de.wikipedia.org/wiki/Jack_Unterweger
https://www.europe1.fr/emissions/hondelatte-raconte/jack-unterweger-letrangleur-de-vienne-4072680
https://murderpedia.org/male.U/u/unterweger-jack.htm
http://www.laobserved.com/intell/2007/12/austrian_serial_killer_hunted.php
https://www.youtube.com/watch?v=aRpqfqhoSAk
https://www.ranker.com/list/jack-unterweger-facts/cat-mcauliffe
https://www.crimeandinvestigation.co.uk/crime-files/jack-unterweger-poet-of-death/crimes
https://www.washingtonpost.com/archive/lifestyle/1994/08/03/killer-prose/796b8f84-0ee1-437e-9cd6-6496cbecbbe6/
https://allthatsinteresting.com/jack-unterweger
http://referentiel.nouvelobs.com/archives_pdf/OBS1506_19930916/OBS1506_19930916_086.pdf
https://www.psycho-criminologie.com/jack-unterweger.html

SAN DAMON

https://fr.wikipedia.org/wiki/San_Damon
http://www.basilicakoekelberg.be/documents/museum/san-damon.xml?lang=fr
https://www.dailymotion.com/video/x265l1l
https://www.san-damon-museum.com/san-damon-interview-philip-seymour-hoffman-nassau/
https://www.grand-duche-doniroscopie.com/

https://desencyclopedie.org/wiki/San_Damon
https://parti-animaliste.fr/tribunes-soutiens
https://actuphoto.com/sandamon
https://actuphoto.com/31424-latelier-cache-de-san-damon-serait-il-en-train-de-devenir-la-factory-du-new-york-des-60s.html

Remerciements

Je tiens à remercier toutes les personnes qui, par leur implication, ont contribué à l'écriture de ce livre.

Merci à Aurélie et à Virginie pour leur bienveillance, leurs précieux conseils et leur accompagnement.

Merci à toutes les équipes des éditions Robert Laffont pour leur confiance depuis le début de ce projet.

Merci à mes proches pour leurs encouragements et leur soutien sans faille. Merci à ma mère qui a toujours été un modèle de bienveillance et qui m'a transmis sa passion pour les faits divers. Merci à Pierre pour sa présence et pour égayer mon quotidien qui serait bien morose sans lui. Merci à tous mes amis et ma famille pour leurs messages et leur patience, même quand j'ai tendance à m'enfermer dans mon antre sans donner signe de vie.

Enfin, merci à tous ceux qui me suivent et m'encouragent depuis que j'ai commencé à partager ma passion sur Internet. Vous m'envoyez tellement d'amour, de force et de motivation ; aujourd'hui, c'est grâce à vous si j'ai la chance de travailler et de m'épanouir dans cet univers.

Table des matières

Ce livre existe grâce au travail de toute une équipe.

Communication : Caroline Babulle, Sandrine Perrier-Replein, Typhaine Maison, Adélaïde Yvert.

Coordination éditoriale et administrative : Céline Poiteaux, Martine Rivierre.

Studio : Pascaline Bressan, Barbara Cassouto-Lhenry, Joël Renaudat.

Fabrication : Muriel Le Ménez, Céline Ducournau, Bernadette Cristini, Sophia Paroussoglou, Phousa Chantharath, Isabelle Goulhot.

Correction : Emmanuelle Coppeaux, Valérie Gautheron.

Commercial, relation libraires et marketing : Laetitia Beauvillain, Élise Iwasinta, Morgane Rissel, Perrine Therond, Aurélie Scart.

Cessions de droits : Isabelle Votier, Benita Edzard, Lucile Besse, Sonia Guerreiro.

Gestion : Sophie Veisseyre, Chloé Hocquet, Isabelle Déxès, Camille Douin.

Service auteurs : Viviane Ouadenni, Jean-François Rechtman, Catherine Reimbold.

Ressources humaines : Mylène Bourreau.

Juridique : Juliane Charbois, Laëtitia Doré, Anaïs Rebouh, Valérie Robe, Julia Crosnier.

Diffusion : Aurélia Spalacci, Nadine Eugénie, Céline Pitt, Arnaud Weill, Hervé Adamczyk, Annie Bourgade, Éric Charpentier, Gilles Couillard, Sandrine Ducrocq, Élisabeth Ehlinger, Guillaume Loras, Jean-Philippe Pilloux, Philippe Maulnier, Gilles Torché, Élisabeth Gastaldo, Jean-Pierre Stephany (Belgique), Olivier Béguin (Suisse), Emmanuelle Cadot, Virginie Godet et Caroline Pan.

Avec le soutien des équipes d'Interforum et d'Editis qui participent à la création, la diffusion et la distribution de ce livre.

Canoros Vehit Canentes

Composition et mise en pages
Nord Compo à Villeneuve-d'Ascq

FSC
www.fsc.org
MIXTE
Papier issu de sources responsables
FSC® C003309

L'éditeur de cet ouvrage s'engage dans une démarche de certification FSC® qui contribue à la préservation des forêts pour les générations futures.

Pour en savoir plus :
www.editis.com/engagement-rse/

Imprimé en France par CPI
en avril 2022

N° d'édition : 63622/01
N° d'impression : 168315